Romain Rolland

Par la révolution, la paix

Introduction

J'ai conté, dans Quinze ans de combat, *comment la guerre mondiale avait été pour nous, intellectuels – (une poignée d'intellectuels) – une école obligatoire d'éducation politique. École élémentaire : car nous avions tout à apprendre. Les intellectuels grandissent englués dans une idéologie, qui est plus ou moins riche et nuancée, mais toujours dévidée des entrailles de l'esprit, comme le fil de l'araignée, et, bien moins que lui, capable de s'agripper aux arêtes du réel. Il se peut que cette idéologie ait été, au temps Jadis, la synthèse ou la raison finale, arbitrairement dégagée, d'actes et d'expériences antérieurs ; mais elle n'a plus, depuis longtemps, pris la peine de se contrôler au mouvement incessant de la réalité en marche ; elle continue de désigner, imperturbablement, des formes de la pensée sociale, qui sont contradictoires et souvent négatrices de la pensée première, depuis longtemps trahie, Imperturbablement, elle aide à la trahison, en couvrant de sa robe toute cette confusion. Et l'on ne saurait dire ce qui, dans l'équivoque de cette idéologie inadaptée au réel, procède davantage de la force d'inertie inhérente au poids mort du passé que traîne après lui l'esprit, ou de la ruse à ne pas voir ce qui le contraindrait à un nouvel effort, afin de s'en dégager. Ajoutons tous les risques, qu'entraîne une vue nouvelle de la société. Car voir oblige à agir. Et agir est périlleux, aux âges des grandes mutations.*

C'est pourquoi notre génération d'intellectuels français a trouvé, parmi nos aînés, si peu d'aide à sortir de l'enchevêtrement des idéologies à double et triple faces. Bien plutôt, ces aînés, ainsi que pendant la guerre les maîtres de l'intelligence, se sont-ils acharnés à nous y emprisonner. Il a fallu faire seuls notre trouée, au travers. Et ce fut une rude tâche. Nous nous y sommes ensanglantés.

Nous étions des novices. Déshabitués d'agir sur le plan du réel, c'était à coups d'idéologies que, résistant à la guerre, nous avions, pendant la guerre, lutté contre les idéologies. Nous ne connaissions pas d'autres armes. Nous ne savions qu'opposer l'Esprit abstrait à la force, les droits de la conscience à la raison d'État, et à la violence sans frein la non-violence absolue.

C'est ainsi que nous abordâmes, au sortir de la guerre, en 1919, la confrontation des décrets de notre esprit à l'expérience sociale, qui s'effectuait, en ces jours, dans des conditions tragiques. À vrai dire, nous ne fûmes pas beaucoup, parmi les intellectuels, à poursuivre longtemps cette confrontation. Dès les premiers soupçons qu'elle tournerait peut-être à nos dépens, la plupart s'éclipsèrent, – de ceux mêmes, en nombre si réduit, qui avaient tenu tête à la guerre, – du moins Idéologiquement. C'était assez, pour eux, d'avoir institué le procès de la guerre, par l'esprit. Ils n'étaient pas disposés à faire le procès de l'esprit.

Et cependant, il le fallait, pour pouvoir avancer. Nous nous sommes trouvés, et dès les premiers pas, dans une effrayante confusion de l'esprit, en partie exploitée par les maîtres du pouvoir et de l'opinion qu'il contrôle. Experts à remuer la bourbe et troubler la rivière, pour pêcher le poisson, ils avaient réussi à nous escamoter, une fois de plus, nos idées, pour s'en faire des drapeaux, au service des pires intérêts qui les niaient. Cette ruse de guerre, continuée pendant la paix, jetait le désarroi parmi les « braves gens », cette foule de naïfs, qui pensent par la voix de ceux qui parlent le plus haut. Ce n'était pas nouveau. Ainsi, pendant la guerre, nous avions vu subtilisés « le Droit », « la Liberté », aux fins de l'asservissement moral et militaire des peuples qu'on envoyait ensuite se faire massacrer, pour le profit exclusif d'une caste d'impérialistes d'industries et d'affaires. Nous étions avertis. Nous nous sommes laissés prendre, une deuxième fois. Aurions-nous pu prévoir (il faut toujours prévoir) qu'on viendrait nous piller, jusque dans nos retranchements de « l'indépendance de l'esprit », de « la paix », de « l'internationalisme », voire de « la non-violence », et retourner contre nous les fantômes de nos grands mots, honteusement déformés ?

Mais c'est que, précisément, il ne faut plus de grands mots. La première tâche à faire est de les découronner, afin qu'ils rentrent dans le rang. La mesure d'une idée s'évalue à la toise de l'action.

J'ai révisé les miennes. J'ai demandé à chacune, – non pas « Que penses-tu ? Qui es-tu ? » – mais : « Que fais-tu ? Et comment agis-tu ? »

*

* *

Une telle révision m'a causé des surprises... Elle était salutaire. En Jugeant de ces idées, à l'user dans l'action, j'ai vu se dégager leur essence vivante des sophismes Insidieux ou hostiles, qui s'enroulaient autour d'elles, comme un lierre, et, dans l'action, les tuaient. L'action m'a appris qu'on peut, qu'on doit se tenir « au-dessus de la mêlée » des nations, et revendiquer sa place dans le combat social ; – que qui défend la paix, est tenu de dénoncer « la piraterie de la paix ». – que de se faire le porte-voix de « l'indépendance de l'esprit », n'est pas autoriser les privilèges de l'esprit égoïste, qui prétend se séparer, comme une caste, de la masse des travailleurs, – que lorsqu'on dit adieu à la vieille patrie nationaliste, c'est pour mieux saluer la venue de la nouvelle patrie internationale ; – et qu'on peut être enfin l'auteur de Clerambault, *et vouloir que, contre la réaction fasciste et contre la guerre, le refus de conscience donne la main à la Révolution prolétarienne.*

La plupart de ces thèses (au sens strict de positions de l'esprit, commandées par les faits) s'expriment dans les articles qu'on lira plus loin. Mais il sera utile que je commente ici la première, – « l'au-dessus de la mêlée », *– que des milliers de lecteurs, plus désireux de condamner ou d'apologiser que de comprendre, se sont victorieusement appliqués à lire de travers. Et du coup, s'éclairera la seconde formule, fille de la première, qui n'a pas eu moindre fortune et infortune :* « l'indépendance de l'esprit ». *C'est un coup de barre nécessaire, afin de remettre l'esprit dans la vraie direction, qu'il a trop souvent perdue. – Et vogue la galère !...*

Dès la fin de la guerre, la paix non encore signée, j'ai été amené à fixer les limites de l'« au-dessus de la mêlée », *par le heurt amical d'une correspondance avec Bernard Shaw.*

Je venais de rédiger la Déclaration d'indépendance de l'esprit, *qui devait paraître d'abord (décapitée de son titre) dans l'*Humanité *du*

26 Juin 1919, et j'en avais soumis le texte, afin qu'ils l'approuvassent ou qu'ils le critiquassent, aux principaux écrivains d'Europe que j'estimais. Bernard Shaw la critiqua. Je n'en fus point surpris. Moi-même, je donnais raison, in petto, à plusieurs de ses critiques. Mais avec son outrance coutumière de grand auteur comique, pour qui le monde entier est un théâtre, Shaw en venait, dans sa répulsion Justifiée de tout pharisaïsme, à faire l'apologie cynique des errements d'intellectuels, de la haine et du mensonge, comme d'une nécessité inéluctable pendant la guerre. Je pense que le public aura quelque intérêt à connaître la petite Joute d'armes, qui se livra entre nous :

I.– BERNARD SHAW À ROMAIN ROLLAND.

Ayot St. Lawrence, Welwyn, Herts, 7 mai 1919.

Mon cher Romain Rolland,

Il faut une confession plutôt qu'un reproche : sans cela nous aurons l'air d'être Pharisien, même snob. Pour l'éviter, j'ai osé raccommoder un peu votre brouillon. Qu'en pensez-vous ? Naturellement, vous saurez rédiger mon baragouin : je suis vil linguiste... Bonne poignée de main.

G. Bernard SHAW.

À cette lettre était jointe la copie que j'avais envoyée de ma Déclaration, et que Shaw avait révisée. J'en donnerai ici seulement les passages qu'il a substitués ou ajoutés à mon texte. Pour celui-ci, on te trouvera, à la fin de mon volume : « Les Précurseurs », et au début de : « Quinze ans de Combat » : car cette Déclaration forme, dans ma pensée, la borne entre deux périodes, – tout à la fois point d'arrivée et point de départ.

[Travailleurs de l'esprit, compagnons dispersés à travers le monde... ; la guerre a jeté le désarroi dans nos rangs.] Elle nous a obligés de mettre notre science, notre art, notre raison, au service de nos gouvernements. À la guerre, comme au naufrage, on n'est plus savant, artiste, philosophe, on est poilu, loup de mer, patriote : il faut sacrifier et même prostituer à la défense nationale non seulement la vie, mais l'âme, l'esprit, la conscience, et manier le mensonge aussi peu scrupuleusement que la baïonnette et la bombe. Nous avons beau chercher à planer au-dessus de la mêlée. Inutile à la guerre, le premier devoir est au foyer, au voisin, la tâche suprême d'en détourner la mort.
Avouons que sous le joug de cette détestable nécessité, nous, les artistes, les penseurs, avons ajouté au fléau qui ronge l'Europe...

Suit le réquisitoire, que j'avais prononcé, contre la prostitution de la pensée par les intellectuels.

[... Compromise dans les luttes des nations, elle sort, avec elles, déchue.] Tout cela (reprend Shaw) n'est peut-être pas plus horrible pour nous, penseurs et artistes, que ne l'est le meurtre, l'incendie, surtout la famine voulue, pour nos frères poilus. Mais c'est infiniment plus difficile d'en arrêter l'opération. À l'armée, on donne l'ordre : « Bas le feu partout ! » et le feu cesse. Qui sait donner pareil ordre à la pensée fausse, à l'empoisonnement de l'esprit ? Pourtant, il faut faire l'essai. La menace qui nous a forcés de piller les trésors et profaner les temples de l'esprit n'existe plus. La paix nous rend la liberté. Hâtons-nous donc de nous dégager de ces alliances, de ces servitudes dénaturées, imposées par la guerre. [L'esprit libre n'est le serviteur de rien. C'est nous qui sommes les serviteurs de l'esprit...]

Suit le texte original de ma Déclaration, *jusqu'à la fin. Je répondis, de Paris, le* 28 mai :

II.– ROMAIN ROLLAND À BERNARD SHAW.

... Vous ayez raison de me mettre en garde contre le danger qu'il y aurait à paraître se vanter aux dépens des autres. Aussi, je suis tout disposé au *mea culpa* général. Mais où je ne puis vous suivre, c'est quand des agissements passés vous faites une nécessité « détestable », il est vrai, mais, semble-t-il, inéluctable. Vous dites : « Dans la guerre, on n'est plus savant, artiste, philosophe... il faut sacrifier et même prostituer à la défense nationale non seulement la vie, mais l'âme, l'esprit, la conscience, et manier le mensonge... etc. ». Jamais je n'admettrai que le premier devoir de l'homme de pensée soit la défense nationale ; c'est, pour moi, la défense de la pensée. Je ne mets pas la nation, la patrie, le foyer avant tout. Avant tout, je mets la conscience libre. Vous dites : « La paix nous rend la liberté. » Ni vous, ni moi, n'avons attendu la paix pour parler librement. Et il s'agit de savoir si nous donnons d'avance à la guerre prochaine (qui ne sera pas lente à venir) un blanc-seing pour étouffer la liberté. Vous me direz qu'elle se passera de notre permission. Soit ! Mais elle ne l'aura point. Que l'esprit reste sauf ! Je ne vois aucun avenir dans les efforts de la pensée libre pour s'adapter aux nécessités de la politique. Elle est entraînée dans la faillite criminelle et honteuse de celle-ci. Si elle veut sauver les autres, qu'elle commence par se sauver elle-même ! Qu'elle tâche à constituer, par-dessus les nations, une Internationale de la pensée, une conscience mondiale !...

Bernard Shaw me répliqua, un peu rageusement :

III.– BERNARD SHAW À ROMAIN ROLLAND.

Londres, 27 juin 1919.

5

Cher Romain Rolland, vous flattez la guerre et l'homme. Il n'existe pas
« l'homme de pensée ». Moi, je ne suis pas la Pensée. Je suis Bernard
Shaw. Vous êtes Romain Rolland. Nous mangeons, et huit heures après,
nous oublions notre philosophie, et sentons seulement la faim. Un soldat
allemand nous approche pour nous baïonnetter : nous nous en fichons de
la pensée et lui brûlons la cervelle en l'injuriant comme deux grognards. Je
n'ai pas su parler librement pendant la guerre. Lisez mes *Peace Conference
Hints*. Un soldat m'a dit : « Si j'avais su tout cela en 1915, pas de khaki
pour moi ! » – J'ai répondu : « C'est justement pourquoi je ne vous en
avais rien dit. » – Tout ce que vous dites de la Pensée est vrai. Donc que la
Pensée signe votre manifeste. Mais John Smith et Pierre Duval ne peuvent
signer. Ils ont combattu pour nous ; et nous avons au moins payé l'impôt.
Nul homme n'a été au-dessus de la mêlée. Une telle prétention répugnerait
le monde et briserait notre influence. Pardonnez-moi ma brusquerie : en
écrivant l'anglais, j'ai assez de tact ; mais dans une langue étrangère, on écrit
comme on peut. À vous toujours.

G. Bernard SHAW.

Je répondis, le 29 Juin :

IV.– ROMAIN ROLLAND À BERNARD SHAW.
Cher Bernard Shaw, il n'est pas Indispensable d'oublier ses idées, lorsqu'on
sent la faim. Dans tous les temps, il y a des hommes qui sont morts pour leurs
idées. Il y en a eu dans cette guerre. Il y en aura dans cette paix. Je crois que
j'en pourrais être. Et vous aussi.
Je ne suis pas au-dessus des mêlées, – de toutes les mêlées. J'ai été, je suis,
je serai toujours « au-dessus de la mêlée » des nations et des patries. Mais
je suis dans le combat contre les nations, contre les patries, contre les castes,
contre toutes les barrières qui séparent les hommes...

Et je lui envoyai ma « Liluli ».

*Sur ce plan de l'ironie, l'accord se fit instantanément. Et Bernard
Shaw me cria : « Bravo ! » en jubilant.*

*Quand je relis, à distance, notre controverse, je vois mieux
qu'elle était moins de fond que de forme, et que celle-ci était,
chez Shaw, non seulement la plus conforme à son génie, mais
probablement la plus efficace à flétrir le servile égarement de la pensée
enrégimentée pendant la guerre. Car quelle satire plus outrageante
que cette persiflante confession, où Bernard Shaw, sous l'apparence
d'une orgueilleuse mea culpa, étale au monde les pires hontes des
intellectuels dégradés, et se fustige sur leur dos !*

Mais l'essentiel, dans le débat qui s'est ouvert, après la guerre, pour nous tous, minorité d'intellectuels indépendants, – et que j'expose dans ce volume, – c'est l'occasion que Bernard Shaw m'a fournie de définir la position de l'esprit « au-dessus de la mêlée ». – Au-dessus de la mêlée *du passé nationaliste, qui se survit en Europe, en se baignant dans des torrents de sang, – sang infécond, sang maudit, qui ne fait qu'appeler le sang vengeur, comme une malédiction des Atrides. – Mais* dans la mêlée, *délibérément, ou, d'un terme plus digne, dans le combat organisé contre toutes tes forces oppressives du passé, pour édifier un monde nouveau, l'Union des Républiques Socialistes Soviétiques du Travail humain. Et ce grand titre, cet étendard, n'est point celui de la seule U.R.S.S. de Russie, puisque son vrai sens, sa raison d'être, est d'être* universel : *la Russie n'a fait qu'ouvrir le chemin, dans des circonstances catastrophiques, et en dépit d'elles, grâce au génie de quelques hommes et à la foi de millions d'autres. Si nous suivons le même chemin, ce n'est pas elle que nous suivons : car le chemin est à tous ; et c'est la nécessité même de l'histoire qui l'a tracé au progrès humain. Il faut le suivre. L'humanité le suivra. Ou elle mourra.*

Mais, aux premiers jours après la guerre, le devoir ne paraissait pas aussi net qu'il l'est, à mes yeux, aujourd'hui. Il a fallu bien des années de discussion avec soi-même, – « Quinze ans de combat » *– pour se dégager du fourré de tant de problèmes qui nous entravaient dans l'action, pour démailloter l'esprit de tant d'incertitudes et de troubles. Il a fallu surtout, pour moi, mettre d'accord ces deux principes antagonistes : la Non-Violence, cet acte de foi d'âmes stoïques de l'Occident comme de l'Orient de tous les temps, qui avait été la foi meurtrie de mon Olivier, frère de Christophe, avant de l'être de mon Clerambault frère de Gandhi – et l'absolue nécessité de la Révolution sociale, qui nettoie le monde, comme en ses Douze Travaux le héros grec, de ses pestilences et de ses monstres, qui l'affranchisse et qui le sauve de la destruction.*

C'est à quoi je n'ai cessé de travailler, en tâchant de me faire le trait d'union entre les deux pôles de l'action libératrice.

*

* *

Une note de l'Introduction à mes « Quinze ans de combat » *dit :*

J'ai dû écarter de ce livre toute une suite de discussions sur le Pacifisme, sur le Désarmement, sur l'Alliance nécessaire, dans le combat contre la guerre et contre le fascisme, des non-violents, des objecteurs de conscience, avec les partis de la Révolution prolétarienne. Comme j'attribue à ces questions une grande importance, à l'heure actuelle, et qu'une de mes tâches propres a été de travailler au rapprochement entre ces deux formes de l'action révolutionnaire, je compte publier en brochure séparée ce groupe d'articles.

C'est cette brochure que je présente ici au public, élargie.

Elle comprend trois ordres d'articles différents, mais apparentés :

1° Les lettres et messages pour le rapprochement entre les deux formes de l'action Révolutionnaire : la non-violence et le combat organisé ;

2° Le groupe d'appels et de déclarations qui ont pour centre le Congrès international d'Amsterdam contre la guerre et le fascisme, *en août* 1932, *– les polémiques qui se rattachent à cette levée en masse contre les forces ennemies de la vraie paix internationale, contre* « la piraterie de la paix », *la fausse paix des impérialismes industriels et militaires, – et une suite de discussions sur le pacifisme et le désarmement.*

3° Quelques adresses aux intellectuels, pour éclairer leur idéologie et pour les aider à se libérer de l'idolâtrie nationaliste, qui fut le legs le plus dangereux de la Révolution française.

À l'intérieur de ces trois groupes, je me suis moins soucié de grouper les articles d'après l'ordre chronologique (sauf en ce qui concerne le Congrès d'Amsterdam), que d'après l'ordre logique : car ; dans l'espace assez bref oh ce livre est enfermé, les idées en discussion ont moins évolué qu'elles ne se sont précisées ; et j'ai jugé préférable de les exposer d'une façon liée, que de les éparpiller au cours des ans.

R.R.
Mars 1935.

I
La piraterie de la paix

Je ne songeais pas, au temps où je flagellais la guerre, que j'aurais un jour à souffleter la paix, – la paix menteuse et pestilente. Mais le souffle qu'exhale celle qui est en train de mûrir est d'une telle puanteur qu'elle menace d'empoisonner l'Europe. Barrons le chemin à ce choléra, que nous préparent les tueurs de peuples, – la Sainte-Alliance militaire franco-allemande des « grands capitaines d'industrie » – (jadis ils se contentaient du titre de « chevaliers » !)

Voici trois ans qu'ils la fabriquent, et nous n'aurions rien su de leurs menées, sans les rivalités de ces brigands. Par leurs propres dénonciations, nous avons appris avec un sursaut les pourparlers qui avaient lieu entre des représentants qualifiés de nos partis nationalistes français et les magnats des grandes industries allemandes, flanquées de leurs *condottieri* de la Reichswehr noire. Une enquête menée sur place par notre ami Charles Reber et publiée dans l'hebdomadaire républicain *La Lumière* (12 octobre 1929) nous a livré les fils secrets du complot.

Maintenant s'éclairent bien des faits, qui étonnaient : le brusque changement dans l'atmosphère, le vent qui soudain avait sauté, de la vieille idole : « *Droit ou Non-droit, ma Patrie !* » au nouveau culte qu'on nous instaure et qui nous sera demain officiellement imposé : *l'Europe...* (Mais *quelle* Europe ?...)

Certes, pour nous, il n'est pas nouveau. Nous étions Européens, quand il y avait du danger à l'être ; et nous sommes bien aises qu'à l'être aujourd'hui, pour d'autres, il y ait du profit. Nous nous sommes réjouis de voir la politique franco-allemande s'acheminer bon gré mal gré ; par la nécessité même des lois économiques, vers cette coopération des deux peuples que nous avions, dès avant la guerre et pendant, déclarée indispensable à leur mutuel développement et à leur durée. C'est pourquoi nous rendons hommage aux efforts persévérants

9

des deux ministres clairvoyants, Stresemann et Briand, qui se sont faits les serviteurs de cette idée de réconciliation active et reconstructrice.

Mais quand nous avons vu les organes même de notre presse nationaliste les plus criards, les plus grossièrement enracinés dans la haine de l'Allemagne et battant monnaie avec elle, changer du jour au lendemain, sans prendre la peine d'une transition, et recommander à leur public ahuri qui les suit, comme le veau suit le boucher, la coopération et l'amitié franco-allemande... nous avons eu un mouvement de recul : « Holà, holà !... Qui pale le demi-tour ?... »

Puis, nous avons vu fleurir toute une littérature politique de jeunes hommes très habiles à flairer l'air du temps. Ils célébraient, comme sur commande, l'Europe unie, tout en célébrant les maréchaux et Poincaré. Et je veux croira à leur sincérité. Ils sont, comme on l'est souvent à cet âge, tout à la fois naïfs et roués. Mais le malheur est que cette sincérité ne se manifeste que juste à l'heure où les pouvoirs publics l'encouragent. Quand il pleuvait, sur « l'Europe unie », des horions, ils restaient tous à la maison. – Ils ont raison, si la raison est le sens de l'opportunité. Et je les regarde comme de bonnes grenouilles-baromètres. Quand on les voit monter à l'échelle, chacun peut s'aventurer dehors... La paix est sans danger, aujourd'hui.

Sans danger, pour ceux qui la portent à la boutonnière... Mais c'est précisément à cet instant qu'elle sent mauvais. Elle sent la mort.

Et comme je cherchais d'où vient l'infection, l'enquête de *La Lumière* nous a découvert la fosse – la fosse de la prochaine « Dernière guerre ».

*
* *

Je résume l'enquête en quelques mots. À vous, lecteurs, de compléter !

Deux associations secrètes militaires allemandes : le *Casque d'Acier (Stahlhelm)* et le *Jungdo (Jungdeutscher Orden)*. Toutes deux, stipendiées par les grosses industries du *Reich :* le *Casque d'Acier*, par l'industrie du fer et les industries chimiques ; le *Jungdo*, par celle de la potasse (les frères Rechberg). Entre elles, des luttes âpres et sourdes, à qui arrachera à l'autre la plus grosse part du gâteau. Rechberg

(Arnold) a deux Idées fixes : la lutte à mort contre le bolchévisme, et l'alliance militaire avec la France. Le *Jungdo*, en 1925, adopte ses vues et ses crédits. En 1926 et 1927, des pactes franco-allemands de la potasse, du fer et des grandes industries chimiques préludent aux travaux d'approche pour l'élaboration de l'alliance militaire. Rechberg et les agents du *Jungdo* viennent à Paris et s'abouchent avec des *leaders* de la droite française, de hauts personnages militaires (le maréchal Foch, au dire de Rechberg), et des hommes de gouvernement (M. Reynaud). Au printemps dernier, ces tractations sont plus serrées et plus brûlantes, à Paris et à Berlin. Une entente de principe est établie, sur la base de certaines conditions que Rechberg a lui-même communiquées à la presse, et dont les pensées de derrière la tête ont été livrées indiscrètement par l'une des associations militaires allemandes, furieuse d'être évincée par l'autre. Il ne s'agirait de rien moins que d'un accord militaire allemand, dont le premier gage serait la création d'une armée franco-allemande de 800 000 hommes, avec un état-major mixte, ayant droit d'inspection sur tous les corps de troupes français et allemands, et élaborant les plans pour la défense commune. La Pologne et la Belgique seraient englobées d'office dans la Grande Armée. Et l'on ne refuserait pas d'y accepter l'Angleterre, si elle se montrait disposée à entrer dans la danse.

Monstrueuse machine ! Et contre qui ? On ne mobilise pas de pareilles forces, pour rester ensuite les bras croisés !... Des benêts de France se sont hâtés de répéter docilement la leçon serinée par Rechberg : « *Nous allons refaire l'empire de Charlemagne !...* » – Grand merci ! Pauvres Idiots !... Et où sera le Charlemagne ? Qui ne voit qu'ils vont refaire d'abord une Allemagne-Autriche, livrée à la caste militaire ? Et, dans l'association européenne, qui donc sera de taille à lui tenir tête ?... – Mais en attendant que l'Empire du Centre reconstitue sa domination, je répète ma question : contre qui le bloc franco-belgo-polono-germanique, grossi peut-être du *British Empire*, dirigera-t-il ses batteries ? – À en juger par les indiscrétions échappées à certains interlocuteurs de M. Reber, tout le reste du monde serait visé : aussi bien l'Italie fasciste que la Russie bolchévique, voire l'Amérique, contre laquelle se ferait la grève des débiteurs, montrant les dents.

Il n'est guère prudent de l'annoncer. M. Rechberg s'est hâté de démentir (14 octobre 1929) les dangereux bavardages de ses lieutenants, en ce qui concerne l'Italie ; et il s'en est tenu aux déclarations qu'il avait signées et publiées dans les journaux français et allemands. Mais dans ces déclarations authentiquées, je lis, à la suite de l'article 7, que « *le bolchévisme à l'Est est l'ennemi de tous les États civilisés* ». Parmi tous les projets conçus par les partenaires de l'accord militaire, c'est le plus ferme, celui sur lequel l'organisateur Rechberg n'a jamais varié, et qui le rend si sympathique à nos bourgeois français : l'écrasement de la Russie des Soviets. On a publiquement désigné « l'*ennemi commun* » de l'ordre et de la paix européens. La « *Pan-Europe* » du bloc militaire et des Affaires franco-allemandes serait payée de cette première opération.

Et nous disons : « Halte-là ! » Nous qui avons, depuis quinze ans, affronté tous les outrages pour la cause de la paix et qui serions prêts à subir pour elle bien davantage, – nous cracherions sur cette paix, si on nous la vendait à ce prix d'ignominie et d'imbécillité ! Une *Pan-Europe*, sans la Russie, est ridicule. Contre la Russie, elle est scélérate.

*
* *

À la vérité – (un homme averti en vaut deux) – ces plans de réaction éventés, nous devrions nous sentir plus forts et mieux gardés par nos partis républicains socialistes, qui représentent des masses profondes de la nation. – Mais je ne suis pas très rassuré ! Depuis dix ans, nos républicains, nos socialistes, nos hommes de gauche ont montré une telle pusillanimité, un tel manque de foi en leur pouvoir et leur devoir, qu'ils ont laissé leurs adversaires prendre toutes les initiatives. Rien ne paraît préoccuper plus ces bonnes gens que de s'excuser à l'avance contre l'accusation qu'on pourrait leur faire de n'être pas de solides patriotes français. Et tout leur effort est de démontrer que l'internationalisme le meilleur est le meilleur gardien de la patrie. C'est fort bien ; et la galerie a plaisir à les voir faire un pas en avant, pour le refaire aussitôt en arrière. Mais pendant ces évolutions de ballet, leurs adversaires ne s'embarrassent point de tant de scrupules. Et ce sont les messieurs de droite, les conservateurs, les gens du sac, les gens du sabre, qui, lorsque l'intérêt le leur conseille, jettent par-dessus bord la vieille patrie et vous fabriquent, en un tour de main, l'Internationale du capital et de la guerre. Et cette Internationale des bien-pensants sera demain la Sainte-Alliance pour l'écrasement de toutes les libertés.

Ajoutons que, dans le cas spécial de la Russie, nos gens de gauche sont une médiocre garantie contre les dangers d'une intervention. Certes, ils seraient opposés à toute guerre contre l'U.R.S.S. Mais ils ne cachent pas leur intention de se servir de la *Pan-Europe*, plus habilement, pour faire pression sur le communisme de Moscou et obliger l'immense Union des Républiques socialistes soviétiques à revenir à cet état de félicité démocratique, dont nos Républiques parlementaires ont gratifié l'Occident. Il ne faut point disputer des goûts ; et si c'est celui de l'Occident, je trouve très bien qu'il le garde : qu'il savoure son bonheur ! Mais qu'il ne se mêle pas de le faire partager à ceux qui ne le lui demandent pas ! Nous estimons, nous, que l'U.R.S.S. a fait, depuis dix ans, une expérience sociale grandiose et douloureuse – dont le succès est encore incertain – mais qui est l'*unique* effort puissant de la vieille Europe pour créer un monde nouveau. Nous ne permettons point qu'on l'interrompe ou qu'on la brise, au profit de formules surannées, dont nous ne sommes que trop à même d'apprécier l'insuffisance suffisante et ruineuse.

Donc, bas les mains devant l'U.R.S.S. ! Et nous, veillons ! On n'est jamais gardé mieux que par soi-même. Et puisque les peuples n'ont pas encore appris, dans cet Occident démocratique, à se défendre, à se grouper, – puisque leur éducation politique n'est pas encore faite depuis cent quarante ans qu'a été faite la pseudo-Révolution de 1789, – nous qui voyons, voyons pour eux ! Homme de vigie, regarde et crie ! La seule force qui ne soit pas encore aujourd'hui asservie à l'argent, totalement – (elle le sera demain !) – c'est l'opinion. L'opinion existe encore. Elle n'est point morte encore. Mais elle dort. Éveille-la !

(*Publié dans la revue* Europe *de Paris, le* 15 *novembre* 1929, *et dans* Izvestia *de Moscou.*)

13

II
Pour le congrès international d'Amsterdam contre la guerre et le fascisme

1
La patrie est en danger !
(*À nos compagnons, les travailleurs de l'U.R.S.S., fraternellement.*)

1er Mai 1032.

La Patrie est en danger ! Notre Patrie internationale... L'U.R.S.S. est menacée.

Et par contrecoup, c'est le monde entier qui est à la veille de s'effondrer...

Jamais la menace ne fut plus lourde et plus pressante. L'Europe est livrée aux fascismes du sabre et des affaires. Les démocraties abêties, trahies par leurs chefs parlementaires, n'ont plus aucune force pour réagir. Un monstrueux attentat se prépare, dont les instruments sont, à l'aile droite le Japon, à l'aile gauche la Pologne et la Roumanie, – dont les meneurs sont, à l'Occident, les impérialismes de l'industrie lourde et de la finance industrielle, servis par leurs valets des gouvernements et par la Société des Nations. D'un jour à l'autre, peut se déchaîner l'immense conflit qui dévastera toute la terre. Car il est clair qu'aucun pays, aucun homme au monde n'aura licence ni pouvoir de s'y dérober.

Quelques libres veilleurs de l'esprit veulent faire un effort suprême pour secouer le sommeil mortel de l'opinion d'Europe et d'Amérique gisante sous la narcose de sa presse, Henri Barbusse a pris l'initiative de convoquer, avec l'appui d'un Comité dont font partie dès à présent

14

Maxime Gorki et Romain Rolland, le 28 juin prochain, pour le sanglant anniversaire de Sarajevo, un Congrès mondial de tous les partis contre la guerre. Ce comité s'est adressé à Bernard Shaw, à Albert Einstein, à Heinrich Mann, à Theodor Dreiser, à Upton Sinclair, à John Dos Passos, à H.-G. Wells, à Paul Langevin et à Mme Sun-Yat-Sen, dont il attend l'adhésion active. Il fait appel, d'une part, aux intellectuels, de l'autre à tous les grands centres mondiaux des travailleurs de la métallurgie, des industries chimiques et du transport, afin qu'ils nomment des délégués ouvriers au congrès. Il s'agit de former un front uni des travailleurs intellectuels et manuels, pour arrêter et pour briser la criminelle offensive des Impérialismes agresseurs, de l'Occident et de l'Extrême-Orient.

Rassemblement !

R.R.

(*Publié dans* l'Humanité *du* 1ᵉʳ*avril* 1932 *et dans la* Pravda *de Moscou*.)

15

2
Contre la guerre rassemblement !

1er juin 1932.

La guerre vient. La guerre vient de tous les côtés. Elle menace tous les peuples. Elle peut, demain, éclater. Si elle met le feu à un coin du monde, elle ne pourra plus être localisée. En quelques semaines, en quelques jours, le feu dévorera tout. Et ce serai là chose sans nom, le meurtre de toute la civilisation. Le monde entier est en danger.

Alarme ! Levez-vous, tous ! Nous faisons appel à *tous* les peuples, à *tous* les partis, à *tous* les hommes et à *toutes* les femmes de bonne volonté. Il ne s'agit pas de l'intérêt d'un peuple, d'une classe ou d'un parti. Tous sont en jeu. Le salut ne peut venir que de la main de tous. Que tous agissent ! Il faut faire trêve aux discussions qui nous déchirent. Unissons-nous tous contre l'ennemi commun ! Sus à la guerre ! Arrêtons-la !

Nous vous convoquons à un grand congrès qui soit une puissante manifestation de tous les partis contre la guerre. Nous convoquons *tous* les partis, de quelque point de l'horizon social qu'ils soient sortis : les socialistes, les communistes, les syndicalistes, les anarchistes, les radicaux, les républicains de toute nuance, les penseurs libres et les chrétiens, les sans-parti, toutes les associations pacifistes et de résistants, les objecteurs de conscience, toutes les individualités indépendantes, tous ceux en France et dans tous les autres pays ; qui sont fermement, décidés, par tous les moyens, à empêcher la guerre. Nous les prions de désigner, d'urgence, des représentants à un Comité d'organisation du Congrès mondial, qui fixera, dans le plus bref délai, le lieu, la date et les modalités pratiques du Congrès. Il n'y a plus un jour à perdre.

Nous n'avons pas à tracer de plan d'action, à l'avance. Ce serait empiéter sur la liberté de ceux que nous convoquons. Il leur appartiendra, dans le Congrès, d'exposer librement leurs plans divers et de chercher ensuite un accord pour l'action. Ce que nous voulons, c'est soulever une Immense vague d'opinion contre la guerre, quelle qu'elle soit, d'où qu'elle vienne, et quels que soient ceux qu'elle menace. Nous

16

voulons faire rugir la volonté des peuples, – de tout ce qui est sain dans l'humanité. Qu'ils contraignent la débilité insigne et équivoque des gouvernants à juguler les monstrueux instigateurs de la guerre, les profiteurs du massacre, les industries des armements, les marchands de canons, leur clientèle d'agents provocateurs et de basse presse, et toute cette tourbe qui intrigue, afin de pêcher en eau sanglante. Muselons la guerre !

R.R.

3
Appel à la Ligue des Combattants de la Paix

10 juin 1932.

Nous vivons sous l'épée de la guerre suspendue. C'est l'état de paix que nous ont ménagé les traités provocateurs de 1919. Et l'acharnement aveugle de notre politique – à peine assagie pendant quelques années par la prudence de Stresemann et de Briand – rend cet état plus aigu, de jour en jour. À présent, ce n'est pas une guerre, ce sont dix guerres qui menacent. Elles remplissent de leurs nuées tout l'horizon.

Les peuples n'ayant pas, décidément, même en notre vieil Occident, atteint leur majorité d'âge et de raison, qui leur permette, par l'exercice naturel de leurs droits politiques, d'imposer la paix à leurs gouvernants, – c'est aux minorités, comme la nôtre, plus conscientes des dangers et plus résolues à s'y opposer, de rechercher les remèdes et la tactique à appliquer contre le danger mortel qui menace de suffoquer toute la civilisation : la guerre mondiale.

Le plus naturel et le plus direct qui s'offre aujourd'hui à l'esprit, est le Refus. Le Refus de service. Il a été depuis longtemps pratiqué chez les peuples anglo-saxons par les objecteurs de conscience : il a glorieusement établi son efficacité par le *Satyagraha* des Indes, séculairement enseigné, et repris en main par Gandhi ; il a reçu sa sanction du génie d'Europe, par l'adhésion retentissante d'Albert Einstein ; il suscite aujourd'hui en tous pays, presque chaque semaine, des dévouements, dont l'écho se répercute et propage dans le monde la foi, la raison nouvelle. Nous sommes heureux de lui rendre hommage. C'est une grande arme de la conscience, c'est l'esprit libre qui tient tête à la force brutale et aveugle de l'État. Célébrons-le, mais ne lui attribuons pas une vertu magique, qui suffise à sauver la communauté sociale du danger mortel qui l'étreint. Il sauve l'âme individuelle : c'est le plus certain... « *Salvavi animam meam...* » Ce n'est pas assez.

Le refus de conscience individuelle est *le premier degré* de la Résistance à la guerre. Passons au second !

18

Le second est que ce Refus soit généralisé à la collectivité, et organisé. Albert Einstein a préconisé ce Refus collectif, dans une déclaration fameuse qu'il a faite, aux États-Unis, en décembre 1930, et que la presse de l'*Internationale des Résistants à la guerre* a propagée. Il a dit que « *si l'on pouvait obtenir que les 2 0/0 seulement des habitants de la terre déclarassent en temps de paix qu'ils refuseront de se battre, on tiendrait la solution des conflits internationaux : car on ne pourrait mettre en prison les 2 0/0 de la population du globe, il n'y aurait pas assez de place dans les prisons de toute la terre* ».

J'ai, répondu, en son temps, à *l'Internationale des Résistants*, qui avait institué une enquête à ce sujet (et j'ai le regret de devoir dire qu'elle s'est refusée, courtoisement, mais obstinément, à publier ma réponse) que si j'honorais hautement la noblesse morale d'Einstein, je n'étais pas convaincu de l'efficacité pratique de sa proposition. « *La guerre*, disais-je, *ne sera point abolie, par le fait que 2 0/0 des habitants de la terre refuseront de se battre. Le professeur Einstein ne semble pas considérer que la guerre a évolué depuis 1914 et qu'elle évoluera encore. Elle s'achemine vers l'emploi de petites armées de techniciens, sachant manier des flotilles aériennes, munies de torpilles à gaz, virus et autres engins de destruction massive (en attendant les courants électriques ou les rayons mortels à distance : car l'esprit humain n'est pas au bout de ses diaboliques inventions de mort). Dans ces conditions, il serait indifférent aux gouvernements que 2 ou 10 0/0 de leur population refusassent le service armé, et ils n'auraient pas besoin de les emprisonner, ou d'en venir à la mesure extrême (qui ne leur coûterait guère), de les supprimer, comme Rome déjà supprimait, par la hache des licteurs, sa Légion Thébaine qui refusait de tuer. La guerre des gaz se chargerait de supprimer, sans autre forme de procès, non-combattants et combattants, égalitairement soumis à l'arrosage meurtrier.* »

J'ai, depuis appris que les mêmes objections avaient été exprimées à Einstein, notamment par le pacifiste révolutionnaire allemand Kurt Hiller, qui est des vôtres maintenant, – sans qu'on ait consenti davantage à les faire connaître et à les discuter publiquement. – Quoi que vous pensiez de ces doutes, il doit être clair, pour tous les hommes de raison, que le refus de service collectif ne pourrait avoir d'efficacité que s'il était, au préalable, vigoureusement organisé. Il ne l'est pas, en Europe. Einstein s'est contenté de semer quelques bons grains, à la volée. Il faudra du temps pour qu'ils fassent un champ. Et, de toutes les denrées, le temps est celle qui nous manque le plus. La grande tuerie peut toujours s'ouvrir, à chaque moment. Qu'avons-nous à lui opposer ? Autant qu'Einstein (peut-être plus encore), je crois à l'efficacité souveraine d'un peuple organisé, comme celui de l'Inde, pour la résistance à la guerre ; – ou mieux (car j'en ai longuement parlé avec Gandhi, et pour Gandhi, la résistance à la guerre n'est encore qu'une partie, insuffisante, de la Résistance sociale nécessaire) – je crois à la puissance invincible de la Non-Acceptation totale, sans violence, d'un peuple disant *non* à l'État, qui abuse : arrêt total de toute l'activité sociale, de tous les rouages de l'État, ainsi que Gandhi le prêche et l'obtient des masses indiennes enrôlées dans son *Satyagraha*. Mais il est évident que l'Europe n'en est pas là et n'y sera pas avant longtemps. Elle balbutie encore l'A.B.C. de la Non-Acceptation organisée. Et bien qu'il ne soit jamais trop tard pour apprendre – (Gandhi est convaincu, après avoir vu l'Europe, que l'Europe serait aussi capable de s'organiser pour la Non-Acceptation que l'Inde) – cette école nécessaire est à peine commencée. Les sacrifices individuels des Résistants à la guerre, qui refusent le service aujourd'hui, si féconds qu'ils puissent être, par leur exemple, pour l'avenir, sont beaucoup trop isolés, pour qu'une telle action morcelée puisse efficacement conjurer les guerres immédiates, amassées sur la France et le monde. Il ne faut pas nous leurrer. Si l'on veut y parer, il faut passer au *troisième degré* de la Résistance à la guerre. Et c'est la Résistance active et effective d'un peuple, qui non seulement dit « *non* », mais qui met le « *non* » en action.

Le 11 juillet 1789, La Fayette disait le mot fameux : « *Pour qu'un peuple soit libre, il suffit qu'il le veuille.* » Ce peuple, qui *voulait*, sut, trois jours après, prendre la Bastille. En ce temps-là, les Français connaissaient le sens plein du mot : « *vouloir* ». Il ne signifiait point : « *Je voudrais...* » Il signifiait : « *Je veux.* » Donc, *j'agis*.

Nous avons, nous aussi, des Bastilles à prendre. N'espérons pas qu'elles s'ouvriront sans combat ! De gros intérêts cimentent leurs murailles. Les Bastilles d'aujourd'hui, ce sont les usines des marchands de canons, des fabricants de mort, des profiteurs de haine et de destruction, des affairistes qui vivent sur la guerre comme des poux sur une toison. L'industrie lourde des armements, des produits chimiques, les mille formes, franches ou masquées, du meurtre mis en actions, en actions de banques, et qui rapportent de gros dividendes. Nous savons tous que ces spéculateurs de la mort sont maîtres de la presse et des gouvernements, par l'achat direct ou indirect, par le chantage et la pression d'une opinion que l'on fabrique, comme les canons. Nous savons tous qu'aucune action profonde et durable pour la paix entre les peuples, et dans notre peuple, n'est possible tant que nous n'aurons pas eu raison de cette fabrique internationale et nationale, quasi officielle et patentée, de mort et de mensonge, – tant que persistent en notre corps social de tels États dans l'État, de tels chancres, – cette domination, secrète ou étalée, du grand capital des industries et des banques intéressées à la tuerie. C'est tout le système social qu'il faut changer. Nous ne le pouvons qu'à la condition de faire appel à toutes les forces de la paix et pour la paix internationale, – en premier lieu, à celles qui ne combattent pas seulement avec la langue, mais dont le poing tient à présent tous les rouages de l'énorme usine humaine, – au monde du travail, aux ouvriers des industries, des arsenaux, des chantiers et des transports, – car rien ne se fait, rien ne peut se faire, – aucune guerre – sans leurs mains. Ils font la mort, par gagne-pain. Qu'ils fassent la vie et qu'ils l'imposent ! Qu'ils gagnent leur pain et qu'ils l'exigent et qu'ils le prennent par d'autres moyens !

Et nous, avant toute chose, faisons l'union ! Battons le rappel ! Nous convoquons, pour le mois prochain, intellectuels et manuels, tous les partis, les représentants de toutes les organisations pacifistes et ceux du monde du travail, les délégués des syndicats et du Parlement, les individualités politiques et apolitiques prêtes à la lutte pour le maintien de la paix internationale, les libres consciences, les Résistants, nous convions tous à un *Congrès Mondial de tous les partis contre la guerre.* Il ne s'agit point qu'aucun de nous abdique sa couleur d'opinion. Chacun de nous la revendique. Et votre président, qui a l'honneur de vous parler en ce moment, ne fait point mystère de la sienne. Il a pris parti publiquement pour les grands constructeurs de l'U.R.S.S. Il est avec eux contre tout ce qui les menace. Mais il revendique pour chacun de ceux qui veulent sincèrement défendre la paix, le même droit qu'il prend pour lui de maintenir haute la bannière de son parti. La paix est le bien commun de tous. Ce n'est pas trop de tous les bras pour la servir.

21

Nous convoquons autour d'elle toutes les bannières. La paix n'est pas une question de parti. La paix est l'aliment nécessaire, le pain et l'air, la paix est la vie. D'abord, la vie. *Primum vivere...* Nous discuterons après.

Et que les mesquines jalousies, que les rancunes soient effacées ! Ne faisons aucune exclusion ! Que dans le Congrès que nous projetons, l'entente puisse se faire entre tous ceux, de tous les partis, de toutes les nations, qui veulent vivre, afin que tous ensemble nous établissions la Paix du monde et que nous l'imposions par les moyens les plus énergiques et les plus prompts ! À vous, *les Combattants de la Paix*, à vous de fonder, mes compagnons, avec les bras de toutes les équipes, *la Confédération Générale des Constructeurs de la Paix !*

4
Lettre à Victor Méric

12 juillet 1932.

Mon cher Méric,

J'ai lu votre article : « *Précisions* », dans le dernier numéro (9 juillet) de la *Pairie Humaine*.

Vous avez raison de dire que Romain Rolland peut et doit être discuté. J'en ai toujours usé de même, à l'égard des personnalités que j'ai le plus respectées : Tolstoï, Gandhi, etc. On ne doit « suivre » personne, de confiance. Il faut confronter hardiment nos idées et, si elles ne sont pas d'accord, il faut le dire sans hésiter. Je suis, comme vous, partisan des situations nettes.

Permettez-moi donc de vous poser quelques questions qui éclaireront, aux yeux de tous les lecteurs de la *Patrie Humaine*, nos positions :

Il est entendu que « *nous luttons tous contre la guerre, sur tous les terrains, par tous les moyens efficaces* ».

Bien. Mais précisons ! Les déclarations des pacifistes sont trop vagues, trop générales. Et les faits ne le sont pas. C'est avec les faits que nous aurons à nous colleter.

Première question :

Si vous, Méfie, êtes appelé à coopérer d'une façon quelconque, directe ou indirecte, à la guerre, que ferez-vous ? Refus absolu ? C'est entendu. *Quousque tandem ?* Jusqu'au poteau d'exécution ? – Je ne dis pas non. En ce qui me concerne, je dis oui. Et même sans opposer à la violence de violence personnelle. Y êtes-vous prêt aussi ? Voulez-vous en souscrire l'engagement ?

Deuxième question :

Soi, c'est trop peu. Pensons aux autres. Pour un objecteur de conscience, vraiment résolu, – et surtout s'il est porté par une foi – ce n'est pas grand-peine, d'affronter le sacrifice. Les martyrs de tous les temps en ont fait bien d'autres ! Et je ne crois pas la race humaine si dégénérée qu'elle ne soit toujours capable de faire sourdre les mêmes dévouements entiers de soi à l'idée.

Mais nous n'avons pas seulement charge de notre peau. Nous avons aussi celle des autres, que nous entraînons aux mêmes risques. Aux mêmes ? – Non. À des risques dix fois plus meurtriers.

Car, en vérité, qui risque le moins dans le Refus de conscience, c'est l'intellectuel individualiste, qui joue le rôle d'accessoire dans la préparation et la confection de la grande tuerie. Qu'il accepte ou qu'il refuse, qu'il vive ou meure, les usines n'en continueront pas moins de fabriquer des gaz et de fondre des canons.

Ceux-là qui comptent, et dont l'acceptation ou le refus peuvent *seuls* (je le répète, *seuls*), permettre ou empêcher la guerre, ce sont nos frères les ouvriers des usines, des arsenaux, des transports, etc.

Méric, ceci est ma deuxième question : quelle règle de conduite leur donnez-vous ? De faire comme vous ? De refuser ? Vous savez que, d'une heure à l'autre, ils seront mobilisés. Si le « pacifiste » Briand a recouru à ce moyen avant 1914, notre Boncour national ne peut faire moins, il fera mieux. Les ouvriers mobilisés qui diront : Non ! seront donc instantanément des soldats, des armées en insurrection. Entendez-vous que ces armées se laissent massacrer, les bras croisés ? Si elles ne le font pas, de quel nom appellerez-vous leur pacifisme révolté ? Je veux qu'on soit franc. Moi, je le nomme la guerre civile. Osez dire : non !

Troisième question :

En admettant que nos maîtres de la guerre tendent prudemment, comme tout le fait supposer, à l'éloigner de nos frontières et à la paneuropéaniser, – admettez-vous que nos précieuses carcasses de pacifistes français et celles de nos peuples de l'Occident soient achetées au prix de la servitude, de la mise en coupe réglée et de l'extermination de races lointaines, soit exploitées par nos impérialismes, soit libres encore, comme la Chine, ou l'U.R.S.S. ? Vous savez bien qu'aucun pillage de la terre, aucune grande guerre aux confins de l'Europe ou en Asie n'est plus possible sans l'or et la mort qui partent de nos coffres de Banques et de nos Forges. Vous savez bien que la guerre est devenue un article d'exportation et une des plus grasses sources de nos revenus. L'admettez-vous ? L'empêcherez-vous ? Par quels moyens ? Vous ne direz pas, vous ne pouvez pas dire : « Chacun pour soi ! chaque peuple pour soi ! Nous étouffons la guerre à notre foyer ; que les autres fassent de même ! » Car c'est vous, c'est nous, c'est nos industriels et nos banquiers qui vont porter le feu au dehors. Aucun de nous n'a le droit de l'ignorer. – Alors, quel mot d'ordre la Ligue donnera-t-elle à ses adhérents, soldats, ingénieurs, ouvriers, tous ceux que les nécessités de gagner leur vie ont fait les rouages de l'énorme machine à fabriquer la mort et l'or ? – Se croiser les bras ? Donc, se révolter ? Saboter les produits de mort ? – Au bout, toujours, je vois la guerre civile.

Pensez-vous qu'elle me réjouisse ? Je ne la veux point, j'en ai horreur. Mais je vous demande, à vous, Méric, à vous tous, compagnons de la Paix, offrez-nous une autre tactique ! Il nous en faut une. Il n'est pas permis de se dérober derrière les mots Imprécis.

Je connais une seule grande tactique de la Non-violence qui soit capable, peut-être, de briser les genoux à la guerre. C'est celle de Gandhi et de son peuple aux Indes. Encore ne savons-nous pas comment l'expérience se terminera.

Je serais prêt à l'adopter en Occident. Mais qui s'en occupe parmi vous ? Qui s'occupe même d'une tactique ? Des mots, des mots… Qu'en restera-t-il, au jour du combat ?

Combattants de la Paix, je vous pose trois questions nettes. Discutez-les. Élaborez votre doctrine. Et puisque vous êtes des combattants, dressez vos plans de combat ! Qui s'en remet à l'inspiration de sa conscience risque fort d'être submergé, à la dernière heure.

Nous sommes – non des chefs (nous ne voulons pas l'être) – mais des guides. Nous avons le devoir de connaître exactement le chemin où nous engageons les autres. Et pour le connaître, explorons-le hardiment. N'ayons point peur des mots et n'esquivons pas les réalités ! Nous devons arriver à la justice sociale, sans laquelle la guerre est perpétuelle. Quel que soit le passage – non-violence ou violence – il faut passer.

5
Lettre à Albert de Jong
Secrétaire général du Bureau
International Antimilitariste à Amsterdam.

Villeneuve, 31 juillet 1932.

Cher Monsieur,

On me communique le rapport N° 104 de votre *Service de Presse* de la *Commission Internationale Antimilitariste*, 16 juillet, sur le « *Congrès Barbusse-Rolland* ».

Vous demandez aux initiateurs de s'exprimer clairement, au sujet du caractère que doit avoir le Congrès.

En ce qui me concerne, je me suis exprimé clairement, dans ma lettre du 7 juillet 1932, à Friedrich Adler, publiée par celui-ci dans les *Documents et discussions – supplément documentaire aux Informations Internationales – publié par le Secrétariat de l'Internationale Ouvrière Socialiste – vol. IX, N° 10, – 23 juillet* 1932, Barbusse a exprimé, à son tour, sa conception dans une lettre du 15 juillet à Friedrich Adler, – que celui-ci a publiée dans la même collection, – *vol. IX, N° 11, 26 juillet* 1932. – Je ne puis que vous prier d'examiner ces textes. Mon impartialité est attestée par ce fait même que je vous adresse à une publication (de l'*I.O. S.*, de Zurich) qui commente nos lettres, dans un esprit hostile.

Notre initiative a soulevé les interprétations les plus diverses. Je n'ai pas à répondre des interprétations des autres, mais de ma propre pensée, qui publiquement (dans la lettre ci-dessus du 7 juillet), s'exprime ainsi :

« Il ne peut s'agir, dans notre pensée, d'une plateforme politique pour les intérêts d'un Parti. Il nous serai ! facile d'organiser un Congrès contre la guerre, qui soit celui d'un Parti... Et je trouverais excellent que chaque parti, isolément, se groupât en un Congrès ou une Manifestation contre la guerre. – Mais ici, il s'agit de beaucoup plus : il s'agit de grouper, pour un objet commun, dans une haine commune, tous les Partis contre la guerre, en laissant à chacun son indépendance absolue. Nous serions aussi opposés à la main-mise sur cette

26

Manifestation des forces contre la guerre par le Parti Communiste qu'à la domination du Congrès par l'*I.O.S.* ou par la Fédération Syndicale Internationale, sous prétexte qu'elles sont les plus considérables en nombre. Il ne devrait pas être question ici de « majorité » et de « minorités ». Et nous n'envisageons pas de « votations », où elles se comptent dans un esprit de rivalité. Nous voulons trouver un terrain d'entente, sur lequel employer toutes ensemble contre la guerre, les organisations ouvrières et les individualités représentatives, en laissant à chacune sa pleine indépendance, son plein et libre choix des moyens à employer... »

(Cf. la suite de cette lettre, *pages* 63 *et* 64 *du N°* 10. des *Documents et Discussions de l'I.O.S.*)

Vous semblez opposer la « lutte contre la guerre *impérialiste* » à la « lutte contre *toute guerre* ». Mais la première est simplement la plus actuelle, la plus immédiate, la plus urgente, des luttes contre la guerre en général. Il faudrait être aveugle pour ne pas voir que, depuis un an, on a été constamment à deux doigts d'une guerre déclenchée par le Japon contre l'U.R.S.S. et fomentée par l'argent et les intrigues de l'impérialisme européen. Si le monde y a échappé – (car une fois l'incendie allumé, il eût gagné tout le reste du monde) – c'est par l'extraordinaire patience de l'U.R.S.S. qui n'a relevé aucune provocation, et par une série de circonstances économiques et militaires qui ont obligé le Japon à remettre ses plans à plus tard.

Il va de soi qu'il est aujourd'hui d'autres dangers de guerre en Europe. Et le but du Congrès est de s'opposer à toutes.

Mais il est bien évident que le Congrès sera ce que le feront ceux qui y participeront. Si les chefs socialistes en ont accueilli l'idée avec une malveillance décidée, alors que les communistes l'ont salué avec enthousiasme, ce sera tant pis pour les socialistes et pour tous ceux qui se retireront de l'action commune, à laquelle nous Invitons tous. Nous avons, d'ailleurs, à lutter contre la mauvaise volonté des gouvernements, dont aucun ne paraît disposé à accueillir le Congrès. Mais le fait certain et frappant, c'est que les adhésions affluent, par centaines, de tous les pays, de tous les partis, et que les Appels ont soulevé une immense vague d'opinion. Ceci est déjà un résultat acquis, dont il faudra bien que les gouvernements tiennent compte.

6
Déclaration lue à la première séance du Congrès mondial de tous les partis contre la guerre

Amsterdam, 27 août 1932.

À tous ceux et à toutes celles qui, de tous les points de la terre, ont répondu à notre appel, malgré mille peines et mille obstacles, nous adressons notre salut de bienvenue fraternelle et notre chaud remerciement.

Nous voudrions, en ce premier jour qui nous rassemble, éviter toute parole qui désunit, écarter tous griefs, regretter seulement les erreurs de ceux qui ont cherché par avance à dénaturer le sens puissant, droit et sain, de cette levée en masse d'un Peuple de l'Univers, qui vient de toutes les nations, afin de jeter les bases d'une Confédération universelle contre la guerre.

On s'est inquiété de cette grande vague qui se levait du fond de l'Océan humain. Ceux qui, parmi les gouvernements, ont intérêt à diviser pour régner, ont tâché d'empoisonner par la presse l'opinion contre notre Congrès. Et d'autre part, plus d'un de ces chefs de bureaux qui régissent les grands partis sociaux, se sont effarés de ce qui leur semblait une atteinte à leur routine administrative. Ils ont vu de sombres machinations dans nos efforts pour constituer *un front unique* contre la guerre. Et ce mot même de *front unique* est devenu, par une aberration d'époque qui a perdu dans les paperasses et les parlotes l'élan vital des grandes heures Révolutionnaires – ce mot glorieux est devenu un épouvantail...

Osons le reprendre ici ! Et permettez à l'homme qui fut marqué comme d'une injure, pendant la guerre, du titre de *Au-dessus de la Mêlée*, de déployer ce grand drapeau de *au-dessus de tous les partis :* Front unique *!* et de le faire flotter, au seuil du Congrès, en lui donnant tout son vrai sens, franc et loyal !

Nous sommes venus, sous cette bannière – une armée des hommes, et des femmes de toute la terre – pour déclarer, pour imposer la paix au monde. Et cette armée, est faite d'éléments très différents. Nous avons, les uns et les autres, notre doctrine et notre tactique de partis ou de sans-parti. Nous ne les mettons pas ici en question. Pour notre campagne d'aujourd'hui au but précis : « Guerre à la guerre ! » – ce qui nous importe, ce ne sont pas les uniformes de nos Confédérés. Nous n'avons à considérer que leur franchise, que leur intrépidité, que leur dévouement absolu à la grande cause qui nous unit. Ceux qui se montreront les plus énergiques dans le combat, ceux qui seront prêts aux plus ardents sacrifices pour briser l'ennemi commun – ceux-là, quels qu'ils soient, nous les suivrons. Nous ne rejetons rien que les lâches, les endormeurs pusillanimes qui se satisfont de déclamations jamais traduites en action, ou contredites par l'action, tous ceux qui cherchent, sans l'avouer, des prétextes pour n'agir point. Nous avons vu trop d'abdications, trop de compromis, depuis la fin de la dernière guerre. Les peuples, épuisés par la saignée des quatre années meurtrières, ont laissé tomber leurs pouvoirs dans les mains de subrogés-tuteurs. Il est urgent qu'ils les ressaisissent, et qu'ils rappellent leur existence à ceux qui l'ont trop oubliée, à ceux qui parlent en leur nom, sans se donner la peine de les consulter.

Notre Congrès est une prise de conscience des peuples du monde représentés par leurs éléments les plus expérimentés et les plus actifs, qui ont senti et qui affirment leur unité d'aspirations, leur volonté de coopération contre tout ce qui s'acharne à les séparer, à se servir d'eux pour les entre-détruire, dans les batailles du capital et les jeux sanglants de la politique – contre la guerre et contre ceux qui s'en font une industrie – contre tous les impérialismes. Cette prise de conscience est une prise d'armes. Guerre à la guerre ! Que l'on se compte, dans l'action !

Chacun de nous, chaque parti, apporte ses armes, sa tactique. Confrontons-les ! Tâchons de coordonner ensemble tous les sincères dévouements ! Dans l'action générale, il y a place pour bien des actions particulières, pourvu que toutes convergent au même but. Le Refus de service pour objection de conscience est une sape à la forteresse du même ennemi, que les armées prolétariennes vont assaillir en bataille rangée. Le combat de masse n'exclut pas l'utilisation parallèle des énergies individuelles. Une armée, dont les fronts de bataille s'étendent à toute la terre, doit, en ordonnant son action générale, admettre que chaque front ait sa liberté propre d'action. Les formes de l'action varient avec celles que leur oppose l'adversaire, sur chaque front.

Chez les Allemands, au lendemain du coup d'État Hitlérien, et chez les peuples fascistisés, il est évident que les dangers sont plus grands, les risques donc plus méritoires, à s'élever contre les forces obscures de suggestion nationaliste, surgies de la misère et du désespoir qu'exploite cyniquement la Réaction. – Pour nous, Français, nous avons surtout à contrôler et à tenir en bride, en attendant que nous les brisions, nos puissances d'argent et d'affaires, nos grands barons des industries, qui sont les maîtres secrets ou avérés de la politique, nous devons nous opposer à leurs louches entreprises impérialistes pour assujettir l'Europe avec des armées mercenaires, et pour exploiter les races coloniales. – Les Anglo-Saxons d'Europe ont à liquider le lourd héritage de leur Empire dominateur, habitué à vivre des tributs de son univers annexé, et qui voit aujourd'hui ses satellites se détacher de lui, en le laissant porter seul un fardeau social dont il était désaccoutumé. – La crise sociale prend et prendra des formes particulièrement brutales aux États-Unis, où le chaos européen et ses antagonismes ont trouvé un milieu monstrueusement favorable au pullulement de ses bactéries : la double compression des masses exploitées et de l'esprit qui suffoque sous un ciel dont l'air n'a jamais été assaini par la libre critique de nos Érasmes et de nos Voltaires, doit fatalement amener à une explosion – non moins que le réveil des autres grandes races des deux Amériques, que se disputent les impérialismes yankee et britannique. – L'Asie est une immense poudrière, prête à sauter, de tous les côtés. L'Inde y poursuit, par ses armes propres, son silencieux, son invincible combat de libération. Tandis que le corps gigantesque de la Chine, lacéré par les impérialismes du dehors et par leurs complices du dedans, se relève héroïquement et ressurgira d'une mer de souffrances. – Et dans le chaos de tous ces combats, un seul grand peuple – plus qu'un peuple, vingt peuples, un monde – a réalisé et réalise de jour en jour l'édification de l'État prolétarien : l'U.R.S.S., dont la seule existence est un défi pour le vieux monde exploiteur, une espérance et un exemple pour tous les peuples exploités – et que leur devoir commun – notre devoir – est de préserver contre toutes les menaces des impérialismes coalisés.

De tout cet enchevêtrement de combats particuliers, nous devons tenter de dégager les lignes générales à suivre, pour une action commune et coordonnée. Et nous ne devons point nous satisfaire, en ces trois ou quatre jours de réunion, de réaliser un accord de sentiments et d'idées – (si important et si difficile que soit déjà ce premier résultat). – Nous ne devons point nous séparer avant d'avoir constitué une Permanence d'action internationale contre tous les risques de la guerre, qui couve partout sous la cendre. Cette permanence doit être fondée sur une union étroite entre les groupements des différents pays – et, dans chaque pays, entre les deux grands groupes des travailleurs confédérés : ceux que l'on nomme les intellectuels, et les manuels. En ma qualité d'intellectuel, je tiens pour essentiel de dénoncer et de flétrir ici l'orgueil stupide et néfaste que savent trop bien exploiter, à cette heure même, les chefs de la grande bourgeoisie dirigeante, et qui tend à opposer, comme des castes, les soi-disant élites aux masses. Comme si les élites pouvaient exister sans les masses, comme si sans elles les intellectuels pouvaient défendre leur existence, comme s'ils étaient capables, dans les conflits où le sort de l'humanité est en jeu, d'effectuer la moindre action sans s'appuyer sur les armées des travailleurs, des ouvriers, qui sont le levier même de toute action ! Affirmons-le ! L'action est le but de la pensée. Toute pensée qui n'y vise point est un avortement et une trahison. Si donc nous sommes les serviteurs de la pensée, nous devons l'être de l'action. Et nous devons ici sceller l'union des intellectuels dignes de ce nom, avec ceux qui sont la substance même de l'action, l'action vivante : le peuple ouvrier.

Notre dernier mot, comme le premier dans ce Congrès, doit être : *l'Action*. Organisons-la, dans le grand Congrès, et dans les Congrès plus spécialisés de professions et de métiers : médecins, instituteurs, ouvriers, etc., qui doivent se tenir, dans le cadre de ces Assises. Chaque groupement aura à étudier sa forme d'action appropriée, qu'il peut et doit exercer dans son domaine. Et tous ensemble, il nous faudra examiner les moyens d'action les plus efficaces à briser les genoux à la guerre, en la frappant, aux heures décisives, dans ses sources mêmes de profits et de mort, dans ses usines d'armements et ses moyens de transport. La guerre future est dans les mains du peuple ouvrier. Il dépend de lui de l'étouffer. Et notre rôle à nous est de lc lui rappeler et de revendiquer, comme nôtres, ses responsabilités. Le salut du monde est à ce prix.

R.R.

(Publié dans la revue : *Europe* du 15 septembre 1932.)

7
Le Congrès mondial
d'Amsterdam contre la guerre
(27-29 août 1932)

Le Congrès mondial de tous les Partis contre la Guerre, réuni, du 27 au 29 août, à Amsterdam, a été la plus puissante manifestation de masses de tous les pays contre l'impérialisme de tous les pays, qui ait fait entendre sa clameur, depuis la guerre. Plus de 5 000 délégués avaient été mandatés régulièrement, dont 2 200 environ (les chiffres varient entre 2 196 et 2 244) furent présents au Congrès, les autres étant arrêtés par les difficultés matérielles, les frais considérables du voyage lointain, et l'interdiction des gouvernements. Ces 2 200 délégués représentaient officiellement plus de 30 000 associations et trente millions d'adhérents. Au meeting du dimanche 28 août, à Amsterdam, 20 à 30 000 personnes acclamèrent les volontés du Congrès. Et le vendredi suivant, 2 septembre, à Paris, le meeting convoqué à la salle Bullier, pour le compte-rendu du Congrès, rassembla, tant dans la salle que dans le jardin et autour de l'entrée sur la place de l'Observatoire, une vingtaine de mille personnes, sur lesquels le maire du palais Chiappe, le vrai maître du gouvernement intérieur, déchaîna les charges sauvages de son armée d'agents.

Ce succès retentissant, que souligne encore la violence exceptionnelle de la répression policière, inspirée par la vengeance et par la peur, – non moins que la frénésie tardive d'une presse fasciste de Paris, qui, après avoir vainement tenté d'étouffer le Congrès sous le silence, a fait ensuite appel aux forces brutales de Salut Public réactionnaire (*L'Ordre*, de Buré, 13 septembre) et même aux bandes de massacreurs (*Figaro*, 12 septembre), pour noyer dans le sang cette Révolte de la conscience mondiale contre le capitalisme roi des armements et des gouvernements, – cet immense retentissement est d'autant plus significatif que le Congrès a eu à se heurter à l'hostilité, franche ou sournoise, de tous les gouvernements à qui il a demandé accès, et à celle, souterraine ou déclarée, de tous les Soutiens de la Société, y compris l'état-major du socialisme international, qui s'est

33

définitivement avéré l'aile gauche de la bourgeoisie démocratique au pouvoir.

Et ce ne sera pas la moindre importance historique du Congrès d'avoir déchiré le leurre dont se couvrait cette Deuxième Internationale embourgeoisée, qui n'est plus qu'une opposition constitutionnelle du Parlement, toute désignée pour prendre demain la succession des ministres radicaux, ses alliés.

Mêlé de près aux entretiens de Zurich entre Barbusse et Friedrich Adler, puis aux correspondances qui ont suivi, j'ai pu voir – ce que jusqu'alors j'osais à peine soupçonner (car j'avais de l'estime pour certains de ces hommes) – la panique secrète qui a saisi ces chefs socialistes, quand ce n'était point leur fureur, à l'idée seule de notre tentative, à nous, quelques hommes de bonne volonté, de convoquer par-dessus leur tête, par-dessus la hiérarchie et le dogme de partis, tous les hommes et toutes les femmes de bonne volonté appartenant à tous les partis, ou sans-parti, qui fussent fermement décidés à une action effective et commune contre la guerre. Tous les efforts pour désunir les organisateurs du Congrès, pour désolidariser en les flattant, les « *idéalistes* » (dont j'étais), de « *la main de Moscou* » (sans parler de « *l'œil* », que Friedrich Adler voyait partout), pour prouver, en dépit d'eux, au monde, qu'ils étaient les jouets innocents de manœuvres infernales – toutes les circulaires officielles du parti, secrètement répandues par le monde entier, et docilement reproduites par la presse socialiste, afin de déconsidérer et de diffamer par avance le Congrès, – tout a été fait pour le saboter. Et ces campagnes peu édifiantes ont eu leur faîte dans l'article-circulaire publié dans le Bulletin du secrétaire de l'I.O.S. de Zurich, et signé d'Adolf Sturmthal, secrétaire de F. Adler, – qu'ont sur-le-champ republié ou cité, d'enthousiasme, les journaux socialistes (*le Populaire* en tête), et réactionnaires *(Journal de Genève)*. Ce prétendu compte rendu du Congrès, qui s'intitule : « *La Manifestation communiste d'Amsterdam contre la Guerre impérialiste* », (je regrette de le dire, bien qu'il tâche de m'amadouer personnellement), fausse les faits, délibérément. Pour donner à son public l'impression que le Congrès d'Amsterdam a manqué de la liberté de parole essentielle et qu'il a été submergé par le communisme, il ne cite que la seule marque d'intolérance déclarée du Congrès : à l'égard de la petite minorité

34

trotskyste, au reste fort remuante et querelleuse Mais il se garde bien de dire que cette petite minorité trotskyste (qui, comme chacun sait, représente l'aile extrême-gauche du communisme), dans son propre compte rendu du Congrès (*la Vérité*, commencement de septembre), insulte le Congrès, « pour son esprit de conciliation petit-bourgeois et pour son gandhisme », dont je suis représenté comme un chef. Lequel des deux, – du porte-plume de l'I.O.S. ou de celui du parti qui se dît « Léniniste », style Trotsky, – a le mieux déformé la vérité ?

Ma seule réplique sera d'inscrire, sans commentaire, ces simples faits : – Le premier jour, 27 août, aussitôt après le discours d'ouverture par Barbusse et la lecture de ma Déclaration, la parole a été donnée à l'Indien Valabhai Patel, ami de Gandhi, ancien président de l'Assemblée Législative de l'Inde, qui dans un interminable discours, a exposé le mouvement indien. – Le deuxième jour, 28 août, le représentant de *la Ligue Française des Droits de l'Homme*, Prudhommeaux, a soutenu placidement les thèses petites-bourgeoises de sa Ligue, sans soulever la moindre protestation. – Le troisième jour, 29 août, Lida Gustava Heymann, la vieille militante de la section allemande de la *Ligue Internationale des Femmes pour la Paix et pour la Liberté*, a parlé avec la plus complète franchise pour la non-violence. Elle a dit qu'elle n'était pas pour la tactique du poing fermé, en criant « *Rot Front !* » mais pour celle du « *Rot Front* » à la main ouverte, ouverte à tous les hommes de bonne volonté. Et cette bravoure a été affectueusement applaudie. J'ajoute que ma propre Déclaration, dont les lecteurs de ce livre ont pu connaître l'esprit au-delà des partis, a été lue immédiatement-après le discours d'ouverture de Barbusse, par Mme Duchêne, la présidente de la Section française de *la Ligue Internationale des Femmes pour la Paix et pour la Liberté*, et que les moins chaleureux à l'applaudir n'ont pas été les communistes.

Ces quelques exemples, auxquels je pourrais ajouter d'autres, suffisent à montrer que la tribune du Congrès a été vraiment libre, et que si le son de cloches communistes l'a emporté sur les autres, c'est que les autres « armaillis » – (pardon pour l'image ! j'écris en Suisse, et j'entends les cloches dans la montagne) – avaient non seulement évité, mais empêché d'y venir leurs troupeaux. Il ne tenait qu'à eux de venir en masse et de confronter loyalement leurs plans d'action à ceux de leurs adversaires. Je les en avais avertis par avance. (Cf. ma lettre à De Jong.)

Quels qu'aient été les orateurs au Congrès, on ne regardait pas à la couleur de leur parti, et encore moins à leurs galons. On regardait à leur énergie et à la précision de leurs propositions pratiques. Car là était la marque distinctive du Congrès. Il n'était pas un tournoi de langues, où l'on se paye de grands mots qui dispensent d'agir, comme les assemblées de Genève ; on n'y fuyait pas les solutions nettes, comme dans ces étranges conciliabules socialistes, où, selon l'aveu public d'un membre de l'Exécutif de la Deuxième Internationale (Dan), « *la Deuxième Internationale évite volontairement les discussions sur la guerre* » ; – et il ajoute « *que dans chaque parti national, on écarte et on étouffe ces débats, par crainte ' des scissions qui se produiraient...* »

Eh bien, assez, messieurs de la prudence !... Assez de ces craintes et de ces abdications socialistes, qui nous ramènent aux veillées sinistres de Juillet-Août 1914 et aux abjurations qui ont suivi ! Si vous n'arrivez pas à vous décider, nous déciderons sans vous, et, s'il le faut, contre vous. Vous ne disposez plus du privilège de choisir pour nous entre la paix et la guerre. Nous avons choisi : « Guerre à la guerre ! » et par tous les moyens, et contre tous ceux qui la font venir, et contre tous ceux qui la laissent venir sans agir ! Si vous voulez ne point perdre ce qui vous reste encore de crédit dans les masses, il faut, messieurs, vous compromettre – jusqu'à la garde – mais de telle façon qu'il n'y ait plus moyen pour aucun de vous, à l'heure critique, de faire retraite.

Dès à présent, le Congrès d'Amsterdam a eu ce premier résultat de libérer 291 socialistes qui, par la voix du conseiller national de Genève Nicole, après avoir dénoncé la Société des Nations et accusé l'attitude des chefs de la Deuxième Internationale à l'égard du Congrès, ont proclamé « *leur volonté de réaliser le front unique contre la guerre et pour la défense de la révolution soviétique* », en plein accord avec le reste du Congrès.

Voici, au reste, quelle était la composition politique du Congrès :

830 communistes, soit 35 0/0, de l'assemblée ; – 291 socialistes ; – 24 socialistes indépendants ; – 10 communistes dissidents ; – 412 délégués des Syndicats confédérés, autonomes et indépendants ; 602 délégués des Syndicats unitaires révolutionnaires ; – 58 membres d'organisations féminines.

Par nations : – 75 délégués d'Allemagne, dont beaucoup venus à pied, au prix de fatigues et de dangers, 585 de France, 458 de Hollande, 318 de Grande-Bretagne, 55 de Tchécoslovaquie, 42 de Belgique, 39 de Suisse, 37 des États-Unis, 35 d'Italie, 11 d'Autriche, 11 de Norvège, 11 de Danemark, 11 de Turquie, 11 d'Indonésie, 8 de Pologne, 8 de Chine, 5 de Suède, 4 de Yougoslavie, 4 de Roumanie, 4 de Lettonie, 4 du Japon, 3 de Grèce, 3 des Indes, 1 de Hongrie, 1 de Bulgarie, 1 d'Espagne.

Enfin, par catégories sociales : – 1 865 ouvriers, 72 paysans, 249 intellectuels ou appartenant à des professions libérales. Parmi ceux-ci, rappelons l'adhésion adressée au Congrès par une élite d'intellectuels français, au premier rang desquels Georges Duhamel, dont je m'honore d'avoir reçu la noble lettre de protestation contre toute guerre ; André Gide, dont les récentes déclarations ont soulevé l'émoi de la bourgeoisie de tous les pays ; Charles Vildrac, Jean-Richard Bloch, Jean Guéhenno, Jacques Robertfrance, Roger Martin du Gard, les groupes *d'Europe*, de *Monde*, de *Plans*, des Écrivains prolétariens de langue française, de l'Association des écrivains et artistes révolutionnaires, Augustin Hamon, Georges Pioch, Bernard Lecache, René Maublanc, Alexis Danan, Marcel Cohen, professeur à l'École des langues orientales, Paul Brulat, André Bacqué, etc. Nous ne comprenons pas dans cette liste trop incomplète les membres des Comités d'initiative : en France, Paul Langevin, Victor Margueritte, Paul Signac, Félicien Challaye, Armand Charpentier, Francis Jourdain, Paul Vaillant-Couturier, Moussinac, Eugène Dabit, etc., et à l'étranger : Maxime Gorki, A. Einstein, Heinrich Mann, Bertrand Russell, Havelock Ellis, Frans Maseerel, Martin Anderson-Nexö, Karin Michaelis, Theodor Dreiser, Upton Sinclair, John Dos Passos, Sherwood Anderson, Scott Nearing, prof. Dana, etc.

Que la presse bourgeoise et socialiste du monde ait tâché d'escamoter ces grands noms, est la preuve d'un désarroi profond et d'une Inintelligence complète : s'imagine-t-elle qu'elle puisse étouffer l'opinion publique dont disposent et que représentent ces maîtres de la plume et de la pensée ? Elle ne fait qu'accentuer ainsi sa propre défaite.

*
* *

Je ne décrirai point, d'après les notes que j'ai reçues, les aspects pittoresques du Congrès, les interventions dramatiques d'un matelot anglais qui avait pris part à la révolte de la flotte, et d'un jeune matelot italien antifasciste, venu au péril de sa vie, les émouvants témoignages du vieux leader japonais Katayama et des délégués des pays broyés par le fascisme, le puissant et précis discours de Racamond des syndicats unitaires, l'intelligent et sobre exposé du délégué des paysans français, Vazeilles ; le noble appel à l'union, par Dumas, délégué du Syndicat national des 80 000 instituteurs de France ; la vigueur oratoire de Guy Jerram, de l'*Association républicaine des Anciens Combattants ;* l'éloquence enflammée de Münzenberg, ce grand artiste en Révolutions. Et, du commencement à la fin du Congrès, Henri Barbusse, recru de fatigue, les traits creusés, maigre et voûté, on eût dit : près de tomber, portant sans défaillir l'énorme charge de la direction, et, du commencement à la fin, calme, patient et tenace, maintenant fidèlement l'impartialité promise et assurée aux débats.

J'en arrive au Manifeste, qui a conclu le Congrès. Ce Manifeste, qui a été laborieusement confectionné, le dernier jour du Congrès, en tâchant de tenir compte des *desiderata* des différents groupes, sans compromettre l'unité, ni rien sacrifier des idées essentielles, se ressent trop de ces difficultés : c'est un ouvrage composite, d'un tissu trop lâche et diffus, qui prête à plus d'une critique. Si ma santé m'eût permis de participer à son élaboration, je n'eusse pas soussigné, sans l'amender, tel passage qui condamne (au reste, dans les termes les plus dignes et les plus respectueux) l'Objection de conscience, conçue sous la forme simpliste du refus individuel, sans que l'on ait même envisagé l'organisation du grand Refus collectif, à la façon du « *Satyagraha* » indien. Ce n'est pas à l'heure où le plus pur héros de l'action sociale, Gandhi, vient d'offrir sa vie en sacrifice à sa cause, – qui n'est pas seulement celle de l'Inde, mais celle de l'humanité, – que je me séparerai de lui. J'affirme au contraire, plus que jamais, le sens puissant

38

et l'efficacité du grand combat de la Non-Acceptation ; et je n'ai rien à changer aux termes de ma *Déclaration* lue à la première séance du Congrès d'Amsterdam :

« *Chacun de nous, chaque parti, apporte ses armes, sa tactique... Tâchons de coordonner ensemble tous les sincères dévouements ! Dans l'action générale il y a place pour bien des actions particulières, pourvu que toutes convergent au même but. Le Refus de service pour objection de conscience est une sape à la forteresse du même ennemi, que les armées prolétariennes vont assaillir en bataille rangée. Le combat de masse n'exclut pas l'utilisation parallèle des énergies individuelles. Une armée, dont les fronts de bataille s'étendent à toute la terre, doit, en ordonnant son action générale, admettre que chaque front ait sa liberté propre d'action.* »

Mais, toutes réserves faites sur certains passages de ce Manifeste, qui devra être rediscuté, resserré et remis au point, il est, dans son ensemble, une juste et efficace expression de la pensée unanime du Congrès. Il dénonce clairement le capitalisme oppresseur chez tous les gouvernements et le mensonge de leurs institutions « pacifistes » officielles, comme la *Société des Nations*, qui est l'instrument boiteux et tortu de leurs politiques. Il proclame nettement le devoir commun de défendre contre toute attaque et contre toute conspiration l'U.R.S.S. Il fait appel à l'union des intellectuels et des manuels, et à l'action directe organisée des masses prolétariennes contre la guerre. Il prête enfin le serment collectif de lutter ensemble, et il constitue un organisme permanent pour appliquer les décisions du Congrès : un Comité international de lutte contre la guerre impérialiste a été créé ; il comprend cent vingt noms notoires de tous les pays ; sa tâche est de veiller, de parer et d'agir – de décréter l'action de Salut Public, en cas de danger.

R.R.

Septembre 1932.

Je ne puis terminer ce rapport sans faire connaître l'immense retentissement que le Congrès d'Amsterdam a soulevé en U.R.S.S.– les meetings contre la guerre, sur tout le territoire de l'Union, de Leningrad à Tachkent, dans toutes les grandes villes, dans les usines, – certains formidables en nombre (140 000 aux seuls meetings de Moscou) –

et, parmi les orateurs, les plus hauts intellectuels, des membres de l'Académie des Sciences, côte à côte avec les camarades ouvriers.

Le danger est permanent. L'action l'est aussi.

R.R.

(Publié dans la revue *Europe* du 15 octobre 1932.)

8
Lettre à Henri Barbusse

sur la place qui doit être faite aux Objecteurs de Conscience et aux Gandhistes, dans le mouvement révolutionnaire, issu du Congrès d'Amsterdam.

20 décembre 1932.

... Je tiens à m'expliquer nettement sur la question double : 1° des *Objecteurs de Conscience* ; 2° des *Non-Acceptants Gandhistes*, qui sont deux formes d'opposition à l'État, très différentes.

Et tout d'abord, on ne doit pas leur appliquer l'épithète, prise dans un sens dédaigneux, de « *pacifistes* » : il y a là une équivoque, qui tend à assimiler des hommes énergiques, faisant bon marché de leur vie, avec les pusillanimes et trop souvent hypocrites exploiteurs d'un pacifisme confortable et verbal, sans risques.

Il est également inexact d'appeler : « *Non-Résistants* » les « *Résistants* » Gandhistes, qui usent de la « *Non-Acceptation* » collective, comme de l'arme la plus efficace contre la minorité britannique, qui ne peut occuper l'Inde et y subsister sans l'acceptation et la coopération indienne. Ceux qui confondent les Gandhistes organisés pour une lutte sévère et strictement disciplinée avec les anarchistes Tolstoyens, font preuve d'ignorance ou de parti pris.

Ceci posé, je tiens à écarter toute espèce de doute, en ce qui concerne ma position à leur égard.

En aucun cas, je ne consentirais à renier, non seulement la grandeur morale, mais la légitimité et l'efficacité pratiques de ces grandes formes de Résistance à l'ordre établi, injuste, néfaste, que nous voulons renverser. Ce serait me renier moi-même. Et je ne le ferai jamais.

Nous sommes alliés, pour la défense de l'U.R.S.S. et pour la préparation commune de la Révolution qui doit émanciper les peuples de la terre et permettre la pleine expansion des énergies associées et coordonnées du Travail humain. Je puis dire, sans vanité, mais parce que c'est la vérité, que la signification de mon nom allié au vôtre, dans l'initiative et l'organisation du Congrès d'Amsterdam, repose

41

sur ce fait que j'apporte (symboliquement) aux armées prolétariennes le renfort des deux armées de la Conscience individuelle et de la Conscience collective, révoltées. La force du Congrès d'Amsterdam et son retentissement – (il ne faut pas s'y tromper !) – provient de ce que nous y avons fait appel à tous ces États (ou à ces partis) différents et alliés contre l'ennemi commun : la guerre et son fauteur, le capitalisme impérialiste qui constitue le système actuel d'oppression sociale.

On ne peut prétendre imposer à des alliés une façon unique de penser et une tactique exclusive. Vous ne l'obtiendrez jamais d'énergies morales éprouvées, dont la raison même d'exister (et de mourir en combattant) est l'irréductibilité de leur conscience. Il faut trouver moyen de les utiliser, en leur laissant libre emploi de ces énergies alliées, dans leur champ d'action déterminé.

Cela ne me paraît aucunement difficile à réaliser. Il n'y faut qu'un large esprit de commandement, qui sache apprécier exactement les éléments dont il dispose, et ne demande à chacune des troupes que le plein de l'action que chacune est apte à exercer. Tout peut et doit servir dans le combat commun : la violence et la non-violence (non-violence apparente, car la Non-Acceptation énergique, vigoureusement dirigée, équivaut au blocus le plus violent). Il serait un pauvre conducteur d'hommes ou d'armées, celui qui ne saurait point employer également les ressources d'action variées qui lui sont offertes. Le Refus de servir désorganise la société bourgeoise, à laquelle l'action violente du prolétariat donne l'assaut. Les grèves des industries et des transports, qui paralysent tout l'appareil locomoteur et circulatoire du colosse capitaliste, peuvent et doivent trouver dans les organisations des Non-Acceptants leurs corps de réserves les plus tenaces.

Que cette alliance se prolonge au-delà de la victoire commune, ceci est une autre question. Je ne la résous point par la négative : car je crois qu'une victoire véritable autorise et même réclame une large compréhension des besoins différents des associés. Mais je laisse à l'avenir le soin d'en décider. À chaque jour suffit sa peine. Pour aujourd'hui, nous avons la bataille à livrer.

Je répète que, pour cette bataille, il serait insensé de se priver du concours des plus fermes alliés, des plus sûrs, en prétendant les despotiser.

Dans tous les cas, en ce qui me concerne, je n'abandonnerai jamais la cause des Objecteurs de conscience et des Non-Acceptants Gandhistes. Je revendique leurs droits à leur action propre dans le combat.

Si ces droits devaient leur être contestés, je serais moralement obligé de retirer mon nom du Comité. Je ne cesserais naturellement pas – *en aucun cas !* – de combattre pour la défense de l'U.R.S.S. et pour la Révolution prolétarienne. Mais je le ferais en homme libre des partis. Je ne confonds pas *une tactique* de combat avec *le Combat*. J'appelle de mes vœux la formation d'une sorte de Grand-Quartier-Général de tous les partis de Révolution : violence et non-violence, afin qu'ils élaborent un plan d'action, non pas une, mais commune, non pas servilement identique, mais intelligemment liée et coordonnée.

À la suite de cette lettre et d'autres démarches dans le même sens, le Bureau international du Comité mondial de lutte contre la guerre, dans sa deuxième réunion plénière, qui tint à Paris, les 21-23 décembre 1932, publia une *Déclaration sur la participation des groupements d'action individuelle au mouvement d'Amsterdam, Le* But eau, où figuraient les membres les plus autorisés du parti communiste français, allemand et soviétique : Barbusse. Cachin, Willi Münzenberg, J. Chvernik, H. Stassova, etc. « *précise, une fois de plus, que le mouvement d'Amsterdam se situe au-dessus et en dehors des Partis, et qu'il tend à rassembler toutes les organisations et les volontés individuelles décidées au combat contre la guerre. Appelé à se Prononcer sur un malentendu provoqué par un passage du Manifeste d'Amsterdam, il proclame que les groupements d'action individuelle, tels ceux des objecteurs de conscience, ont leur place dans nos rangs, dès qu'ils acceptent de collaborer avec les organismes issus du Congrès mondial. Et cela, sans aucune condition.* »

III

L'objection de conscience et la révolution

1
Correspondance avec Runham Brown
au sujet de la déclaration de A. Einstein sur le refus de service de guerre.

Février 1931.

H. Runham Brown, hon. secretary de *War Resister's International* avait adressé, le 16 février 1931, à R.R. un questionnaire au sujet d'une récente déclaration de *A. Einstein*, à la « New History Society » de New-York, le 14 décembre 1930, Einstein suggérait deux méthodes, pour agir contre la guerre. La première était de refuser tout service militaire, toute part à la guerre, ou à la préparation de la guerre, – directe ou indirecte. Il prétendait que « *si vous pouvez obtenir que les 2 0/0 seulement des habitants de la terre déclarent, en temps de paix, qu'ils refuseront de se battre, vous tiendrez la solution des conflits internationaux* ». Car... « *on ne peut mettre en prison les 2 0/0 de la population du globe, puisqu'il n'y a pas assez de place dans les prisons de toute la terre pour les y mettre* ». – La deuxième proposition était de faire établir par la législation internationale la possibilité pour ceux qui se déclarent ouvertement contre la guerre, de faire en temps de paix un travail difficile, voire dangereux, soit pour leur propre pays, soit pour le bien de l'humanité.
Runham Brown demandait :

1° *Partagez-vous la manière de voir de A. Einstein, quand il dit que le refus d'accepter aucun service de guerre constitue un moyen pratique d'abolir la guerre ?*
2° *Trouvez-vous que les hommes qui personnellement refusent ce service devraient rencontrer l'appui de tous ceux qui désirent mettre fin à la guerre ?*
Romain Rolland répondit à Runham Brown (20 février 1930)

*

* *

C'est pour moi une *obligation de conscience* de refuser toute participation à la guerre, directe ou indirecte. Et j'ai d'autant plus de raisons d'approuver cette déclaration du professeur A. Einstein, que j'y ai toujours conformé ma vie, particulièrement pendant la guerre de 1914-1918.

Mais si vous portez la question, du plan de *devoir moral* sur le plan de *l'utilité pratique*, je pense que la manière de voir du professeur Einstein est très contestable. La guerre ne sera point abolie, par le fait que « 2 0/0 *des habitants de la terre refuseront de se battre* ». Le professeur Einstein ne me paraît pas considérer que la guerre a évolué depuis 1914 et qu'elle évoluera encore. Elle s'achemine vers l'emploi de petites armées de techniciens, sachant manier des flottilles aériennes, munies de torpilles à gaz, virus, et autres engins de destruction massive. Dans ces conditions, il serait fort indifférent aux gouvernements que 2 ou 10 0/0 de leur population refusassent le service armé ; et ils n'auraient même pas à les emprisonner ; combattants et non-combattants seraient également soumis à l'arrosage meurtrier.

Il faut le dire nettement, sans illusions ; *Point d'outre moyen pratique d'abolir la guerre, promptement, que d'abolir le système actuel de société et de gouvernement, qui est générateur des guerres ! En pratique, les révolutionnaires ont raison : une révolution sociale est nécessaire. Et cette révolution doit être internationale, ou ne pas être.*

Ce n'est point à dire que le principe de *Non-Violence* doive être abandonné. Gandhi a démontré au monde que l'action révolutionnaire la plus efficace peut être celle de la *Non-acceptation sans violence.*

45

Mais pour que son efficacité soit réelle et puissante, il faut qu'elle soit, comme dans l'Inde, une action *collective* et énergiquement orga*nisée*. L'Europe n'en est encore, sur cette voie, qu'à l'*A B C*. Mais il n'est jamais trop tard pour apprendre ! Que *l'Internationale des Résistants à la Guerre* s'organise « militairement ! » (Pourquoi craindrais-je d'employer ce mot ? Le plus grand des *combats* est celui de la Non-violence.)

Quant aux refus personnels de service, par des individualités isolées, je les honore et je les approuve ; et il va de soi que nous devons, tous, les aider et les appuyer, dans la mesure de nos moyens. Avec cette réserve que ces refus doivent être motivés par des raisons de conscience et d'humanité désintéressées, – non par des considérations d'égoïsme et de peur : car si le souci de la conservation personnelle est un sentiment naturel et ne saurait être blâmé, il est insuffisant à opposer aux motifs d'intérêts généraux et d'idéalisme – vrai ou faux – que ne manque pas d'invoquer l'Ordre social et violent d'aujourd'hui, au nom de la communauté.

Mais si je crois – si même je suis certain – que ces grands sacrifices individuels des Résistants à la guerre qui refusent le service aujourd'hui seront féconds et que de leur exemple sortira un nouvel évangile et une humanité nourrie de ce pain et de ce vin (au sens de la Cène sanglante), je ne pense pas que ces transformations profondes de l'esprit du monde s'accomplissent avant quelques générations. On ne peut donc espérer qu'une telle action isolée, morcelée, puisse conjurer les guerres les plus prochaines, qui s'amassent à l'horizon. Pour parer à celles-ci, il faut des moyens plus rapides.

Nous en reparlerons, un autre jour. Pour aujourd'hui, je me limite aux bornes mêmes que m'ont posées vos deux questions.

R.R.

2
Sur la résistance passive

Il faut avoir la foi, ou ne pas s'en mêler. Jamais je ne conseillerai à qui ne l'a point, de participer à un mouvement de Résistance passive, dans une heure où la guerre est déchaînée. Car il faut bien qu'il s'attende à être sacrifié.

Je trouve coupables gravement certains de vos chefs qui vous laissent des illusions sur ce point et vous leurrent de l'espoir que la guerre s'arrêtera devant des bras croisés. Elle s'arrêtera – oui ! – mais après qu'elle aura passé sur les corps de ceux qui lui barrent le chemin. Elle s'arrêtera devant le soulèvement de l'opinion du monde, provoqué par le sacrifice des Résistants passifs. C'est ce sacrifice seul qui peut annoncer – ou préparer – la victoire à venir de l'humanité, le salut des futures générations. Mais ce sacrifice ne pourra pas être évité.

Je vous demande pardon de dire des « vérités non plaisantes ». Mais je ne supporte pas le fade et dangereux optimisme qui mène aux pires déceptions. Il faut vouloir et oser, mais en regardant en face ce que l'on affronte. Aucun de vous ne doit être entraîné par surprise dans une croisade héroïque, où il a tout à risquer. Il faut, pour qu'il s'y décide, que sa vie lui soit d'un moindre prix que le salut du monde. Mieux vaut une petite phalange de Résistants passifs, prêts à tout subir et à tout vaincre moralement, qu'une troupe nombreuse et incertaine, qui lâcherait pied au premier choc et accuserait ses chefs de l'avoir abusée.

Quant aux aptitudes de notre Europe à la Résistance passive (que j'appelle d'un nom plus énergique : *la Non-Acceptation*) – notre Europe les a prouvées depuis longtemps. Elle n'a pas attendu Tolstoï et Gandhi pour pratiquer cette doctrine – qui remonte aux premiers temps de la chrétienté d'Occident. À quelques heures de chez moi, dans le défilé de Saint-Maurice-en-Valais, au pied de la Dent du Midi, fut massacrée la Légion Thébaine, martyre de la Non-Violence chrétienne.

Tolstoï a eu en Europe une famille de précurseurs. Un des plus marquants fut, au XVe siècle, le Hussite de Bohême, Peter Cheltschiteki. Son livre principal, *Das Netz des Glaubens*, a été récemment republié en allemand avec une préface du président Masaryk.

Mais il y a plus : comment est-il possible d'oublier que l'héroïque Pologne de 1860 a signé de son sang l'Évangile de la Non-Violence, les « *Psaumes de l'avenir* » de son grand poète Krasinsky ? En 1861, la population de Varsovie s'est laissée fusiller par les troupes de Gortchakoff, sans vouloir se défendre. En vain, Gortchakoff, exaspéré, leur criait : « Prenez des armés ! Battez-vous ! »

« *Faut-il être Meurtrier avec les meurtriers, criminel avec les criminels ?* avait chanté Krasinski. *Le monde nous crie : "À ce prix, à vous la puissance et la liberté ! Sinon, rien !..." Non, mon âme, non, pas avec ces armes ! Ô ma patrie, sois l'inflexible volonté et l'humble recueillement, sois le calme dans ta tempête ; dans ton combat contre l'enfer de ce monde, sois cette force de calme et d'amour, devant laquelle l'enfer tout entier sera impuissant !...* »

Gortchakoff ne survécut à la honte que lui causèrent ces massacres d'un peuple héros et martyr. Et le monde entier frémissait de la grandeur du sacrifice. Jamais la Pologne n'aurait ressuscité, sans la vénération que de tels exemples ont laissée au cœur de l'Europe.

Vous voyez que nous n'avons pas besoin d'aller en Asie pour y apprendre la Non-Acceptation. L'Europe a aussi ses Grandes Heures de la Résistance passive. Elle oublie son passé et son génie. Faites-les revivre !

3
Lettre à Edmond Privat sur la révolution et la Non-violence

… Il y a quelques années, Gandhi fut sur le point de venir en Suisse. Il dépendait d'une réponse de moi qu'il se décidât : car il désirait me rencontrer. Et je le désirais aussi. – Et cependant, je l'en ai dissuadé. J'aurais voulu qu'il vînt dans l'intention déterminée de se mettre en contact avec la jeunesse « Non-résistante » d'Europe, de l'écouter, de la guider, et non pas seulement pour causer avec moi : car je ne me sentais pas digne de lui ; je ne me reconnaissais pas le droit de lui prendre même quelques jours de sa vie précieuse qui appartenait à son peuple et à l'humanité. – Et d'autre part, Gandhi n'était nullement tenté de confronter sa pensée avec celle d'une jeunesse européenne. La prudence de sa nature va pas à pas ; il pratique, sans la connaître, la sagesse du proverbe français : « *Qui trop embrasse mal étreint* » ; et il s'est toujours refusé à intervenir dans les problèmes d'Europe, avant que ceux de l'Inde soient réglés.

Il n'en reste pas moins qu'à cette époque déjà – et combien plus aujourd'hui ! – j'ai senti la nécessité indispensable de cette confrontation de Gandhi avec l'Europe. Et aujourd'hui, je me jugerais plus autorisé à en discuter avec Gandhi.

La doctrine de foi et d'action de Gandhi est sainte. Et elle a démontré son efficacité dans l'Inde. Mais elle n'est pas un « Absolu ». (Lui-même ne le croit pas ; je vous rappelle ce qu'il a écrit du caractère toujours *relatif* de ses expériences, même de celles qui lui tiennent le plus au cœur.) Et l'Inde non plus n'est pas un « Absolu ». La grande question aujourd'hui pour nous tous, chercheurs sincères de la vérité, est de déterminer la valeur pratique, pour l'Europe, de l'expérimentation indienne.

Le fond de la foi demeure, pour moi, intangible. Il est : « *Amour – Amor Caritas* », – non pas abstrait ou sentimental, mais *actif*, – l'action pour le bien des autres êtres, et l'apport de son être propre *au service de la communauté. – L'Ahimsa* en est une des plus sublimes expressions. Et la *Non-Acceptation* de Gandhi, sa *Résistance Civile organisée*, en est actuellement la plus belle forme tactique, proposée à l'humanité.

49

Reste à savoir si elle répond aux exigences de l'action présente en Europe, et – d'une façon générale – dans tout pays qui ne s'y trouve pas adapté de nature, comme l'Inde, par des conditions spéciales de pensée religieuse et de vie sociale millénaire. Je pose ici la question, je ne préjuge pas des réponses.

Je voudrais qu'il fût possible qu'au prochain Congrès international de la *Non-Résistance* (ce mot déplorable, que je voudrais pouvoir effacer de nos cerveaux ! mais il y a laissé sa trace, même quand notre pensée proteste et crie tout le contraire : « *Résistance de l'âme, jusqu'au bout !* »), je voudrais qu'à ce Congrès il fût possible de faire intervenir Gandhi, et que le problème pût être discuté à fond. Mais je Crains bien que l'obsession de la question politique indienne, la fatigue de Gandhi et sa répugnance Instinctive à aborder les problèmes européens, ne s'opposent à la réalisation de mon vœu.

Et pourtant ! Et pourtant !... Même pour Gandhi, qu'il serait utile d'élargir, en ce moment, son horizon ! Ce qu'il a récemment publié, au sujet de la question des classes et de la lutte prolétarienne, montre qu'il ignore, presque tout de la nouvelle phase où s'est engagée la marche sanglante du monde. Sa vue reste bornée à une inégalité des classes patriarcale qui n'exclut pas la bonhomie fraternelle ; et le capitalisme lui apparaît sous la figure de ses grands filateurs d'Ahmedabad, bonnes gens et pieux (à ce qu'il croit), susceptibles d'être touchés par sa parole, et qui restent en contact avec leurs ouvriers. Il n'a pas eu affaire à la Puissance nouvelle, à l'Argent sans figure et sans cœur, aux sociétés anonymes, aux Consortiums internationaux, aux monstres aveugles, bien plus terribles que cette « Machine » contre laquelle Tagore et Gandhi ont décoché tant de flèches inutiles : car l'Argent est la Machine *Invisible*. Et c'est elle qui commande aujourd'hui les États et l'opinion. La tactique peut-elle être la même à l'égard d'un tyran, si féroce soit-il, ou de quelques centaines de petits rois (ministres et représentants d'une nation), ou même d'un peuple de chair et de sang – et à l'égard de ces forces sans visage, sans nom, sans plus rien qui reste humain ?

Et d'autre part, que de problèmes comporte l'application de la Non-Violence absolue ! Son application *personnelle* (J'entends, pour notre part, *Individuelle* et à *nos* dépens) n'est que la moindre face de la question. Il n'est pas bien difficile en somme, pour des hommes de notre sorte, de se sacrifier à ce que l'on croit vrai ! Mais y sacrifier les autres ? *N'est-ce que par la violence qu'on les sacrifie ?* Et la Non-violence n'implique-t-elle pas, d'avance, des milliers de sacrifices ? Non pour les « voulants », pour les « conscients » ! Mais ceux qui n'ont pas été consultés, les inconscients, les « Innocents » ? Je pense aux trois petites filles de *Upton Sinclair* (à la fin du roman : *Oil*), que des brutes au service du capitalisme ont plongées dans la cuve au café bouillant... Si vous aviez été là, qu'auriez-vous fait ? Et que ferlez-vous en prévision de la prochaine visite d'une expédition « punitive » de cette sorte, ou de celles des Chemises Noires en Italie ? Il faut pourtant que les Non-Violents d'Europe soient en possession d'une doctrine ferme, mais établie après avoir été consciencieusement discutée et expérimentée, – pour les cruelles éventualités des années de grande mêlée, qui sont le défilé fatal par où la marche de l'humanité doit passer ! S'ils se laissent prendre au dépourvu, ils sombreront dans les abîmes du désespoir, ou bien découragé, ou bien féroce à son tour. Il ne faut rien laisser au hasard.

Vous comprendrez peut-être maintenant que j'aie cru nécessaire de pousser mon cri d'alarme, pour réveiller les « Non-violents » trop quiets ! – Ajouterai-je que, depuis dix ans, une répugnance m'est peu à peu montée au cœur, en face de tels amis intellectuels français, que je voyais se contenter trop aisément de leur confortable attitude « *non-violente* », et protestant négligemment du bout des lèvres, par signatures au bout d'inoffensives adresses dans les journaux, sans compromettre rien de leur paisible situation bourgeoise ! – Bien qu'incapable, pour mon compte, de tremper mes mains dans la violence, combien l'attitude d'un Lénine, risquant sa vie et l'infamie ou les malédictions, pour arracher à leur enfer des millions d'opprimés, m'a paru – en face de celle des Pharisiens aux mains blanches – non seulement plus virile, mais même plus véritablement aimante et conforme à la loi intérieure du sacrifice pour le service de l'humanité ! S'il s'est trompé, ce n'est pas son cœur, c'est son esprit qui s'est trompé. Mais cet esprit se trouvait en face de l'action immédiate. Il fallait agir. Ne pas agir, c'était encore agir, (comme l'a démontré Krylenko aux milliers d'ouvriers de Pétrograd, dans les journées d'Octobre – voyez le beau livre de John Reed) : car c'était laisser agir le pire. Ce que réclame l'heure présente, c'est le mot d'ordre pour l'action. Rassemblez-vous, pour le discuter ! Il faut d'abord le bien connaître et se mettre d'accord, pour le donner.

4
Lettre à E. Bauchet, sur les objecteurs de conscience la révolution et la guerre

… Je vous remercie de votre lettre… Je répondrai sur les divers points qui me semblent sujets à conteste :

1° Vous dites « *qu'il y a deux guerres à envisager : la guerre que se font les peuples, au profit de leurs maîtres, et la guerre que les peuples font ou feront aux maîtres, à leur propre profit* ».

Il n'y a pas deux guerres, seulement. Il y a *une troisième guerre ;* et c'est peut-être la plus redoutable d'aujourd'hui : *celle que les maîtres feront aux peuples.* Ils la font déjà, en Allemagne, en Italie, dans tous les pays où s'introduisent les fascismes, toujours financés par les Banques et par les Forges. La Révolution a perdu l'initiative. L'ennemi, qui sait exactement les dangers, a pris les devants. Il écrase et veut écraser la Révolution, dans l'œuf. *Voilà le fait.*

2° Vous demandez ce qu'il faut dire aux « *pâtes molles* » ? Et vous ajoutez qu'« *en leur disant que pour combattre la guerre, il faut d'abord combattre le capitalisme, ils ne suivront pas* ». – Il faut leur dire que le capitalisme *va les combattre*, ou se servir d'eux pour son combat. – Quand vous espérez « *les contaminer à la Paix, en tâchant que leur résistance active ou passive empêche le mal immédiat : la guerre* », vous ne pensez pas que « *les forces de l'or et des forges* » se servent et se serviront des « *pâtes molles* », pour anéantir ou laisser anéantir d'abord les révoltés conscients. Le premier acte dans ce sens a été l'assassinat, nullement fortuit, du bon Jaurès. (À défaut du Villain fanatisé, vingt autres Villain se seraient trouvés, – auraient été trouvés). Mussolini, Gœring, Hitler, commencent par écraser, indifféremment, les communistes et les pacifistes, Einstein lui-même doit s'expatrier ! il n'est pas à l'abri de l'assassinat.

Quand donc vous assigne ? à la L.I.C.P, « *pour plateforme de rassemblement, la seule guerre de nation à nation* », vous oubliez que la guerre de nation à nation ne se-fera plus qu'après élimination préalable des éléments énergiques qui s'y opposent. Déjà, en 1914, vous savez que l'Intérieur avait, en France, sur ses carnets, la liste de tous ceux que l'on devait mettre à l'ombre, et que seule leur acceptation de la guerre (promise d'avance), a dispensé l'État de cette mesure prévue. Mais en 1914, les mœurs, plus douces, n'envisageaient que la prison. Vingt ans de sauvagerie déchaînée ont amené les États fascistes à dresser des listes d'égorgements. Laisserez-vous faire ? – Et vous-même, si vous n'êtes pas de la première liste, vous serez de la deuxième liste d'égorgés.

3° Vous écrivez : « *Gandhi a prouvé que la Non-violence ne permettait pas* à *la violence de s'exercer.* »... Qu'entendez-vous par la violence ? Celle de l'ennemi ? Elle s'exerce, et sauvagement, *sur les masses* de la non-violence indienne, particulièrement dans les campagnes, et dans les provinces écartées, qu'un état de siège bloque du reste du monde et des indiscrétions de la presse, (comme dans la province-frontière du Nord-Ouest, Peshavar).

Edmond Privat, qui a parcouru l'Inde, après l'emprisonnement de Gandhi, m'a dit qu'une des pires tristesses est de voir que, par ses sévices et son régime d'ignobles prisons, l'Empire aura ruiné la santé et les forces physiques de toute une génération, la plus telle, la plus idéaliste qui ait jamais été. – Naturellement, Gandhi lui-même et ses plus proches sont épargnés, comme l'était Tolstoï sous les tsars persécuteurs des Tolstoïens, (Et cependant, il s'en faut que les Anglais soient des plus cruels parmi les oppresseurs. Ils sont, de beaucoup, les plus modérés, à l'heure actuelle.)

Entendez-vous par la violence que Gandhi empêche de s'exercer, celle de l'Inde ? – Connaissez bien la situation ! Gandhi n'a jamais imposé la Non-Violence à l'Inde. Il a son armée du *Satyagraha*, dont il est le chef, le guide spirituel absolu : à cette armée, il impose sa loi morale. Et le *Congrès National de toute l'Inde*, dont la majorité *n'est pas* non-violente, a autorisé Gandhi à faire la grande expérience, en s'engageant à s'y associer, pour un temps, – et jusqu'à la preuve que l'expérience produit ou non les résultats annoncés par Gandhi. Si elle ne les produit pas, le Congrès et Gandhi reprennent, chacun, leur liberté. Gandhi se retire de l'action politique gardant pour lui et pour ses disciples sa loi ; et le Congrès recourt à d'autres armes. – L'expérience n'est donc pas faite. Elle se fait, sous nos yeux. Et elle se fait dans des conditions privilégiées, avec un chef et avec un peuple immenses, pénétrés, depuis des siècles, de la doctrine de l'*Ahimsâ* (la Non-Violence). – Nous sommes loin de compte, en Europe. Quelles sont les chances de réussite d'un mouvement de Résistance non-violente, en Europe ? Examinez-les ! Stratégiquement, je les juge extrêmement faibles, à l'heure présente.

4° Vous craignez que si des Non-violents se trouvaient mêlés à un mouvement où participeraient des éléments prêts à la violence, « *les Non-violents joueraient, à leur insu, le rôle d'agents provocateurs, en donnant à la répression l'occasion de les assassiner lâchement. Et cela, il ne le faut pas.* » – Qu'il ne le faille pas, ou qu'il le faille, n'en doutez pas, cher Bauchet ! Vous serez assassinés, – à moins de passer à l'ennemi (et il n'est pas sûr que même ce ralliement tardif ou cette résignation suffisent à apaiser les furieux que nous fabriquent les fascismes).

Que les Non-Violents et les Violents forment deux armées distinctes, – oui, d'accord ! Mais alliées et coordonnées. Ou elles périront. Et la plus faible, numériquement, les Non-Violents, avant l'autre.

Mettez-vous bien dans les yeux, que Non-Violents et Violents n'ont pas affaire à deux ennemis. L'ennemi est le même pour les deux. Et il ne s'agit même plus de l'attaquer, à l'avance. L'initiative est – sera – prise par l'ennemi. Il s'agit de votre défense. Vous avez le choix : ou de vous laissez écraser isolément, les mains pures, mais sans aider les autres combattants, – ou d'accepter leur alliance (comme vous l'avez acceptée, lors du récent meeting d'Alfort ou de Suresnes, où les communistes se sont faits les gardes du corps des objecteurs de conscience).

*
* *

Dans tous mes conseils d'aujourd'hui, je suis obligé d'envisager la « *troisième guerre* » : car elle est là, elle vient.

Stratégiquement parlant, quelles plus grandes chances a d'agir l'objecteur de conscience, dans la guerre qui va venir ? – En organisant le Refus collectif, surtout dans les organismes de guerre capitaliste-industrielle et nationale (le « national » étant appelé à servir, de plus en plus, d'étiquette aux intérêts du capitalisme industriel) : grèves d'arsenaux, d'usines et de transports.

Ne craignez pas trop d'être ou de paraître « complices » de la Révolution ! Quoi que vous fassiez, vous savez bien que vous serez taxés de l'être. Les pacifistes, les internationalistes, sont couramment appelés bolchéviks par les partis de réaction. Vous venez de voir interdire en Suisse une conférence de Pioch contre la guerre. La Confédération Helvétique n'est pas plus tendre pour Gandhi que pour Staline. L'objection de conscience est, dès à présent, pour elle, une complice de Moscou.

Vous avez, vous, objecteurs, deux actions à distinguer :

1° Votre conscience, votre « âme » à sauver ;

2° Votre communauté à sauver, ou à protéger.

Je souhaiterais que vous ne vous contentiez pas de la première. Gandhi unit les deux préoccupations. Il ne voudrait pas sauver son âme, aux dépens de la communauté. Il a pour exemple ce Bôddhisatvâ, qui se refuse au Salut, avant d'y avoir conduit les autres hommes, et qui retourne indéfiniment à eux, pour porter avec eux leurs épreuves. Ne vous retirez jamais du combat !

R.R.

Cette lettre a pour complément la réplique suivante à une lettre de Georges Pioch, président de la *Ligue internationale des Combattants de la Paix* :

5
Lettre à Georges Pioch

Président de la Ligue Internationale
des Combattants de la Paix.

Laissons les discussions sur les principes ! Nous savons trop ce que, des plus beaux mots : « République », « Europe », « Internationale », ont fait les flibustiers du parlementarisme, les charlatans de Pan-Europe et « l'Internationale sanglante des armements » ! Ajoutons-y le dernier coup : la Paix d'Europe, portée au bec crochu de ce gros pigeon noir, pattu, ventru : Mussolini !

Regardons les faits :

À cette heure précise, le grand ennemi et l'agresseur est le Fascisme. Il menace d'écraser, à bref délai, toutes les libertés, en tous les pays, où il sait s'adapter aux formes les plus diverses.

Notre premier devoir est de nous coaliser contre lui. Quand je parle d'« union » entre non-violents et violents, j'exprime un vœu. Mais si, pour une raison ou pour une autre, cette « union » ne peut être réalisée, il n'en reste pas moins que tous les adversaires du fascisme : « non-violents, objecteurs, prolétariat armé », ont le devoir de s'y opposer, chacun des groupes au moyen des armes propres dont il dispose. Et l'intérêt bien entendu de tous les groupes serait de conjuguer leurs efforts.

2. Vous me demandez où « le prolétariat armé » trouvera les moyens de s'armer. C'est affaire à lui, et je n'ai pas à le chicaner sur les moyens. Si, pour ma part, je pratique le Refus Gandhiste, je n'ai pas à discuter l'organisation de la Révolte armée de mes amis les communistes, je leur reconnais plein droit de s'organiser, selon leur tactique propre, en vue du grand combat général que nous sommes appelés à livrer contre toutes les forces unies de la Réaction armée.

3. Votre argument qu'une révolte armée serait « un romantisme d'insurrection », vouée à l'écrasement, est pernicieux. – En premier lieu, nul ne peut prophétiser les chances exactes d'une telle révolte ; et j'ai toutes raisons de penser aujourd'hui, d'après les renseignements recueillis, que si la social-démocratie et les communistes d'Allemagne,

soit unis, soit même séparés, avaient pris l'initiative de l'action armée, le Hitlérisme eût eu beaucoup de mal à s'installer : car il était, en fait, dans l'ignorance presque complète des moyens d'action de ses adversaires ; – (et à l'heure qu'il est, la poignée de communistes, qui ont *tenu*, peuvent se dérober à ses recherches, et publier clandestinement leurs braves appels et leur *Rote Fahne* clandestine).

Mais il faut oser dire davantage : – Quand on prétend transformer un monde, on ne doit pas s'attendre à la victoire, du premier coup. Ce qui importe, c'est que le combat – victoire ou défaite – en impose aux adversaires et qu'il permette aux partisans de se compter, non seulement numériquement, mais, ce qui est beaucoup plus important, – moralement. Il est des défaites du prolétariat qui ont été des victoires : car elles ont été des étapes vers la victoire. Telles, la Commune de 1871 et la Révolution de 1905, sans lesquelles Octobre 1917 n'eût point vaincu. – Mais la défaite des défaites – l'ignominie – est le renoncement, l'abdication, l'aplatissement des Otto Wels, des Noske, de la social-démocratie et des syndicats de l'Allemagne, sous la cravache de von Papen et sous la trique de Gœring.

4. Autre question : – L'intervention présumée de l'U.R.S.S.

Elle me paraît très peu probable, à l'heure actuelle, car elle est contraire aux nécessités de la construction soviétique et aux directives du parti Stalinien : (chacun sait que c'est là un de ses profonds dissentiments avec l'opposition trotskiste).

Mais si pourtant la force des choses obligeait à un conflit armé entre l'U.R.S.S. et quelque Sainte-Alliance fasciste, pas un instant le doute n'est permis sur le parti que nous aurions à prendre. Moi, en tout cas, je n'hésite pas : je me range aux côtés de l'U.R.S.S., qui représente l'unique bastion du nouveau monde du Travail, organisant ses destinées. Et je dis à ceux qui m'écoutent : « Défendez-la par tous les moyens dont vous disposez, – les uns, par les armes, – les autres, 'par le Refus de conscience ! » Même si l'U.R.S.S. ne représente pas pour tous ceux des nôtres l'idéal qu'ils conçoivent, – son ennemi mortel est notre ennemi mortel, à tous. L'action nous impose à tous l'alliance contre l'ennemi commun.

5. Non, je ne dis pas avec Bertrand Russell : – « *Tout* vaut mieux que la guerre. » Rappelez-vous la devise de Spinoza, qui est en tête de mon livre : « Mère et Fils », et que vous avez souvent citée :

Pax enim non belli privatio,
Sed virtus est, quæ ex animi fortitudine oritur.

(La paix n'est pas l'absence de guerre, mais la vertu qui naît de la vaillance de l'esprit.)

Le pire des maux est l'avilissement, le reniement d'un homme ou d'un peuple : c'est le néant, – c'est la fosse.

6. Mais autre chose (ne confondons pas !) est la guerre dite « de délivrance », qui prétend porter par les armes la liberté chez un autre peuple, incapable par lui seul de la défendre ou de l'imposer. L'expérience de l'histoire nous donne à craindre que de telles guerres manquent leur but. Elles dispensent le peuple secouru de l'héroïsme nécessaire qui seul lui donnera, par ses propres sacrifices, le droit à la liberté ; et elles disposent le peuple secoureur à la mentalité d'impérialisme napoléonien.

Point question de cela, quand il s'agit de l'U.R.S.S. ! Sa liberté, elle l'a conquise elle-même, elle seule, contre la coalition de tous les gouvernements d'Europe, – y compris le nôtre. Elle est le plus grand exemple d'« *animi fortitudo* ». Si, quelque jour, nous avons à nous ranger à ses côtés, ne disons pas que nous la défendons ! C'est nous que nous défendrons, en elle.

R.R.

6
Lettre à André Berthet, sur la non-violence et la révolution

16 décembre 1933.

J'ai répondu, maintes fois, à des questions comme la vôtre, – notamment dans mon *Adieu au Passé* (de la Revue : *Europe*, 15 juin 1931), dans mes messages au *Congrès international d'Amsterdam*, en août 1932, et au Congrès national de la *Ligue des Combattants de la Paix*, l'année dernière. Il ne se passe guère de mois où je ne précise ma pensée, dans des articles de journaux ou dans des lettres à des amis. Je vous engage à lire les deux derniers volumes, qui viennent de paraître, de *L'Âme Enchantée* (*l'Annonciatrice* : deuxième partie, *l'Enfantement*), où l'évolution de mes deux héros, Marc et Annette Rivière, commente la mienne.

Je n'ai jamais conçu la « *Non-Violence* » que comme la plus intrépide des « *Non-Acceptations* » de l'esprit. J'oppose la mienne à toutes les forces menaçantes du Fascisme, qui sont suspendues actuellement sur le monde. Je n'admets point qu'on se retire du combat.

Ce combat, ce n'est point sur le terrain nationaliste que je le livre. J'ai dépassé, depuis longtemps, l'étape des nations ; et sur ce plan, il n'est point de solution, c'est la mêlée éternelle des orgueils de peuples, de races, ou de civilisations : elle n'aboutit qu'à la mutuelle destruction. C'est au-dessus de *cette* mêlée que je me suis tenu en 1914, et que je me tiendrai, jusqu'à la mort.

Le vrai combat, le seul qui soit fécond et nécessaire, c'est sur le plan international qu'il doit se livrer. Je participe à tous les efforts, à tous les espoirs, à toutes les souffrances de ceux qui travaillent à renverser le vieux monde capitaliste et impérialiste, avec son armature de préjugés nationaux, moraux et sociaux, – pour édifier un ordre nouveau. Je donne la main à la Révolution prolétarienne, où qu'elle travaille, où qu'elle combatte, dans le monde. Et, comme je l'ai répété obstinément, au Congrès d'Amsterdam et à celui des Combattants de la Paix, j'appelle à s'allier pour ce combat d'où dépendent les destins de l'humanité, *toutes les forces et de la non-violence et de la violence organisée*.

Contre le fascisme en Allemagne et en Italie, je soutiendrai toujours la Révolution allemande et italienne, – de même que, si le fascisme voulait s'implanter en France, je me joindrais, dans la mesure de mes forces, aux forces Révolutionnaires. Ce n'est que par le bloc de toutes les forces Révolutionnaires – (et j'y comprends les forces organisées de la non-violence, grèves générales, etc., aussi bien que l'armée du prolétariat avec ses alliés intellectuels) – qu'on pourra opposer une digue efficace à la poussée du Fascisme et le refouler.

J'honore les objecteurs de conscience individuels, qui, au sacrifice de leur vie, donnent l'exemple du Refus héroïque à l'Injustice. Mais si leur exemple, si leur martyre peut féconder l'avenir, pour le présent ils ne sauvent que leur conscience : ce n'est pas assez ! Il faut sauver aussi les autres, les milliers d'autres, il faut sauver vos frères et vos fils, que la plus brutale, la plus sauvage des Réactions asservirait, peut-être pour des siècles. Car, il ne faut pas vous y tromper – vous êtes en ce moment, vous et vos fils, sous le talon levé – « *le Talon de Fer* » (relisez la prophétique « Anticipation » de Jack London !)

Résistants de toutes les formations d'esprit et de partis – (je dirais presque : de toutes les « confessions ») – Résistants à la Réaction, non-violents et violents, – organisez-vous !

R.R.

7
Lettre à Reginald A. Reynolds
Secrétaire général du « No More War Movement » Britannique.

Il est grand temps de sortir de l'idéologie stérile. La question ne se pose pas, dans le monde de l'action, entre la Non-Violence absolue et la Violence absolue, – mais entre le plus ou moins de violence exercée sur les faits et sur les hommes. Même le « *Satyagraha* » des Indes n'est pas exempt d'une violence latente, dont les effets ne sont pas moins redoutables que ceux d'un combat par les armes, car le grand Refus de tout un peuple fait la machine pneumatique : il pompe l'air qui fait vivre l'adversaire.

J'ajoute que ceux qui comme vous, Reginald A. Reynolds, connaissent de près Gandhi, ont pu suivre, lors des discussions qui se sont exprimées, dans « *Young India* », peu avant « la campagne du sel », l'évolution de la pensée agissante du Mahâtmâ. Il y a une dizaine d'années encore, il avait suspendu tout son mouvement, parce qu'à Chauri-Chaura s'étaient produits quelques actes de violence. Et, sur le point de déclencher sa nouvelle campagne, comme on lui faisait redouter qu'il ne se reproduisît un nouveau Chauri-Chaura, il passa outre, disant qu'il espérait, avec des troupes mieux organisées, éviter maintenant ces violences, mais que si celles-ci se produisaient, elles n'arrêteraient pas son action : car il avait conscience qu'elles seraient un moindre mal, une moindre violence que la violence qui éclaterait, si lui et les siens n'agissaient point ; s'ils s'abstenaient, ils laisseraient le champ libre aux forces sauvages inorganisées.

Il faut oser voir virilement les nécessités de l'action et les conséquences des décisions que l'on a prises. Si l'on veut effectivement lutter contre la guerre, il est tout à fait insuffisant qu'une élite de consciences se refuse individuellement à la guerre. Dès le premier pas que l'on est amené à faire dans l'action, on doit en venir fatalement à la contrainte qu'il faut exercer sur les industries de guerre et sur leurs immenses ramifications. Il faut briser la guerre, en lui brisant les quatre membres, – bras et jambes. On ne peut le faire sans le concours et les grandes grèves des ouvriers des usines, des docks et des transports. Or, en temps de guerre, ils sont Immédiatement mobilisés. Leur refus constitue donc une révolte militaire, qui tombe sous le coup des plus impitoyables répressions. – Nourrissez-vous l'illusion que ces peuples d'ouvriers se laisseront broyer sans résistance ? En admettant qu'un idéal religieux prétendît qu'ils se laissassent massacrer, les bras croisés, comme l'antique Légion Thébaine, qui de vous se sent de taille à leur infuser cette foi d'héroïque immolation ? Prêchez-la-leur, si vous pouvez, et partagez leur sort ! Mais si vous parveniez à la répandre parmi une minorité de croyants, prétendez-vous que les millions d'autres ne répondent pas à la violence par la violence, et oseriez-vous les désavouer ? En ce cas, il est plus loyal de ne jamais déclencher ces mouvements de grève et de refus collectif : car, une fois déclenchés, il en faudra subir les conséquences ; et, que vous les ayez ou non voulues, vous en devrez porter les responsabilités, ainsi que Gandhi l'a toujours fait.

De deux choses l'une : ou dites que le royaume de Dieu n'est pas de ce monde, retirez-vous de l'action, résignez-vous, – ou, si vous êtes résolus à faire entrer le royaume de Dieu dans ce monde, acceptez les nécessités de l'action !

La guerre est l'hydre qui menace aujourd'hui l'existence même de l'humanité. Le combat mondial contre la guerre est la nécessité sociale la plus urgente. Nul homme honnête et énergique ne peut s'y refuser. Mais ce combat ne saurait être efficacement livré qu'avec le concours d'éléments diversement évolués, – des non-violents et des violents. Il faut tâcher de les organiser. Que les plus évolués s'efforcent de guider les autres ! Mais tous, ayons la virilité de porter franchement les responsabilités du combat commun contre l'ennemi de toute la civilisation. Nous sommes tenus de faire l'alliance de tous les groupements, sincères et vaillants, qui sont prêts à se sacrifier en combattant, pour le salut de l'humanité.

8

L'objection de conscience doit être, non individualiste et libertaire, mais sociale

(*Pour la libération de l'Objecteur de conscience, Eugène Guillot.*)

Ami de Tolstoï et de Gandhi, j'ai toujours soutenu le droit sacré à l'objection de conscience. Il va donc de col que je demande que ce droit soit respecté en Eugène Guillot et que celui-ci soit libéré du service militaire.

Mais la rédaction de votre protestation ne me satisfait point, et je ne puis la signer sous cette forme. Il serait trop long de relever ici tous les passages qui m'en paraissent discutables. Je note seulement celui-ci, dans une lettre de Guillot : « Étant libertaire, je ne conçois pas l'idée de Patrie ; et *partant*, je n'ai donc rien à défendre que moi-même. »

Je n'admets pas cette conséquence ou cette alternative, Qu'on accepte ou non l'idée de Patrie, un homme n'est jamais seul, et il doit tenir compte de la communauté. Son objection de conscience ne vaut pas pour lui seul, mais pour la communauté, et c'est elle qu'il défend, en défendant sa propre conscience.

Il est d'une extrême maladresse de donner à une revendication hautement sociale la forme d'une défense strictement individuelle. Et si telle est la thèse du libertarisme, je ne puis l'accepter.

Je crois que c'est également une erreur grave de tactique et de pensée, de donner à l'objection de conscience le caractère simplement négatif du refus de service. Elle n'aura tout son sens et sa force sociale que quand on y ajoutera le complément positif, indispensable, d'une volonté de servir la communauté, par des moyens plus humains, plus intelligents et plus élevés que par le service militaire, qui devient un non-sens absurde et meurtrier. Je voudrais qu'à l'exemple de ce qui est tenté dans d'autres pays, et particulièrement en Suisse, sous l'impulsion de Pierre Cérésole, les objecteurs étudiassent les formes d'un Service Civil national et international, absolument indépendant de la guerre, et apportant son aide à la communauté, dans les calamités

64

sociales : épidémies, inondations, travaux d'assainissement, etc. Ma pensée est que chacun de nous doit un service social à la communauté humaine, et que ce service social, ce service pour la vie et pour le bien de tous, non pour la mort et pour la ruine, doit se substituer aux formes surannées et sanglantes de l'armée. – J'ai exprimé cette façon de voir, dans une lettre à Marianne Rauze, que celle-ci a publiée dans son volume : *L'Anti-Guerre*, en 1923.

IV
D'un pacifisme révolutionnaire qui combat et qui construit

1
Contre un pacifisme négatif
(*Lettre à Marianne Rauze.*)

Chère Marianne Rauze,

J'ai lu avec une vive sympathie la brochure que vous m'avez envoyée. Votre exposé est lucide et franc. J'aime à vous voir résolument opposée à tout militarisme, sans *distinguo* de partis. Vous faites une œuvre haute et humaine, en tâchant de grouper tous ceux qui s'opposent à la violence, d'où qu'elle vienne, quelle qu'elle soit.

Voulez-vous me permettre de vous soumettre quelques observations, sur ce qui me paraît manquer à votre doctrine, pour qu'elle prenne une force de conviction universelle :

Elle est trop exclusivement (presque exclusivement) *anti* – c'est-à-dire *négative*.

Dans une discussion de portée mondiale que je contais récemment, entre Gandhi et Tagore, à propos de la « *Non-Coopération* », – Tagore exprimait son éloignement instinctif de tout ce qui était : « *Non !* » – À quoi Gandhi répondait que « *l'acte de rejeter n'est pas moins nécessaire que celui d'accepter, et que l'effort humain est fait des deux* ». – Cela est juste. Mais le côté négatif (Anti-guerre, Anti-patrie, et toutes leurs applications pratiques : révoltes, grèves, destructions d'armes, etc.) est, dans votre doctrine, presque seul mis en lumière. Sans doute, vous pensez qu'à l'heure actuelle, c'est le plus urgent et le plus nécessaire. Je pense d'une façon différente, et je vais vous dire pourquoi.

66

Vous sous-estimez beaucoup trop l'adversaire, – la patrie guerrière. Il faut, si l'on veut vaincre, être profondément conscient de sa force, mais estimer impartialement celle de l'adversaire. Je ne parle pas seulement de la force, au sens brutal : celle-ci, en dépit des apparences, serait relativement facile à briser. Je parle de la vraie force, de la force morale.

Or, qu'un homme qui, comme moi, abhorre tout militarisme, qu'un internationaliste convaincu qui a rejeté pour toujours de soi le dogme de la patrie, ose le dire hautement ! La Patrie représente encore, à l'heure actuelle, un idéal puissant ; elle est, pour des millions d'êtres dans tous les pays, une foi brûlante, infiniment plus sincère, plus générale, et plus enracinée que celle des Églises. Si nous en sommes détachés, nous, ne commettons pas l'erreur de ne pas voir qu'elle existe, et qu'en dehors des politiciens et des capitalistes cyniques, sceptiques et éhontés, en dehors des grands troupeaux humains qui suivent servilement, sans comprendre, il y a dans le camp de la patrie une élite morale qui l'aime d'un amour désintéressé, qui croit en elle, comme aux temps anciens on a cru en Christ ! J'ai été et je suis en rapports avec des jeunes hommes de tous les pays : j'ai vu souvent chez eux le patriotisme absorber leurs forces passionnées de sacrifice, leur besoin d'agir pour les autres et de se donner. Il est déplorable que ces forces soient ainsi captées ; mais elles ne sont rien moins que méprisables. Dans une âme bien née, la passion du sacrifice est naturelle, est belle, est bonne, est saine en soi. Bien loin de la combattre, il faut la cultiver, mais en la tournant vers l'objet le plus haut et le plus pur.

C'est là que doit être la tâche *positive* des opposants à la patrie et à la guerre. À l'ancien idéal il faut opposer l'idéal nouveau, et ne pas craindre de le faire flamber dans le cœur des hommes d'aujourd'hui, de toutes les flammes de la foi nouvelle.

Vous semblez avoir peur, dans votre livre, du mot de *foi*, du mot d'*âme :* vous vous excusez (p 139) d'employer ce dernier. Mes chers amis, que l'âme existe ou non, « *hoc signo vinces* », vous ne vaincrez que si vous agissez comme si elle existait, comme si vous étiez sûrs de l'éternité.

Car vous n'êtes pas, dans la lutte qui s'engage, une majorité de nombre (p 120) et de la raison contre une minorité immorale. Vous êtes une élite, une minorité morale, contre une majorité où s'allient intérêts et dévouements, mensonges et foi morale. Vos forces de simple raison raisonnante ne suffiraient pas si vous n'y ajoutiez les forces surhumaines qui sont en nous, la foi dans les valeurs éternelles, dans la fraternité des êtres et dans l'amour. Il n'y a pas besoin d'un Dieu extérieur à nous, ou d'une idole, pour avoir la foi. (Mais il faut la foi.) Le divin est en nous, – en nous, Humanité : éveillez-le !

Il ne s'agit pas de nous leurrer, mes amis. Une foi nouvelle, comme celle que nous représentons – la fraternité humaine, l'Unité des vivants – n'arrive jamais à la victoire, avant de longues épreuves, des sacrifices, des martyres. Prenez bien garde de ne pas vous engager dans cette voie, si vous ne les envisagez pas d'un regard viril, avec une joie héroïque ! Ne dites pas : « Il n'y a qu'à proclamer notre vérité ; et les murs de l'ennemi s'écrouleront. » Dites que vous souffrirez. Mais ayez assez de foi en la grande cause de *la Réconciliation et de l'Entraide humaine*, pour être capables de souffrir pour elle et d'être heureux.

Le plus urgent et le plus nécessaire aujourd'hui est donc l'éveil de cette foi.

Et cette foi doit se prouver, dès à présent, – non par de simples négociations, des refus, – mais par des actes positifs de fraternité effective (à la façon des quakers au cœur large, mais avec un esprit plus large encore et plus libre) :

1° *Aide apportée aux victimes actuelles de l'odieux état de choses, de « la guerre qui continue » – dans tous les pays – et de préférence dans les pays qu'on appelle ennemis, afin de mieux prouver la fraternité humaine, – particulièrement en cette heure, aux malheureux d'Allemagne qui meurent lentement de froid et de faim* (souscriptions, enfants d'Allemagne reçus dans des familles françaises, etc.).

2° *Aide effective offerte à la communauté française.* À la place du service militaire, instituer un *service civil* (voir les projets actuellement adoptés ou proposés en Scandinavie, Hollande, Suisse) – non pas *un service civil* en temps de guerre, mais dès à présent *en temps de paix* – et non pas pour des œuvres qui soient susceptibles de se rattacher, directement ou indirectement à la guerre, mais pour des œuvres d'utilité et de charité publique : contre les épidémies et les calamités de la nature, pour des travaux de reconstruction ou d'assainissement, etc. Si le service pour le meurtre et la mort doit être rejeté, il faut établir à sa place un service pour la vie et le bien de nos frères d'un pays et de tous les pays. Selon quelles modalités ? À vous de le chercher ! Mais on ne comprendrait pas une doctrine qui se refuserait à des sacrifices pour une cause inhumaine, sans s'offrir à d'autres sacrifices pour une cause humaine. C'est par ces sacrifices, et par eux seuls, que vous gagnerez le respect et, peu à peu, l'adhésion du monde.

R.R.

2
Appel pour l'entraide franco-allemande

Les peuples sont le jouet de la politique et de la finance ; et malheureusement, ils ne sont pas encore assez organisés pour mettre fin à ce sinistre jeu d'antagonismes et de tractations véreuses qui les ruinent également. Car qui ne sait les honteux marchés de l'heure actuelle, où la victoire comme la défaite sont devenues une affaire pour les hommes de proie des deux pays ?

Mais si nous n'avons pas réussi encore, en France et en Allemagne, à former, ainsi qu'en Angleterre, un puissant parti d'opinion éclairée et de presse indépendante, qui contrôle de près les gouvernements et renverse leurs louches combinaisons, nous disposons au moins d'une force de protestation qui peut se faire entendre au-delà des frontières. Même contraints de subir une funeste politique, nos deux peuples ont le pouvoir et ils ont le devoir de proclamer qu'ils la désapprouvent, de condamner publiquement les actes d'oppression et d'excitations haineuses, par lesquels on tâche de maintenir entre eux une désunion profitable à leurs seuls exploiteurs nationaux. Surtout, ils ne doivent négliger aucune occasion d'affirmer leur solidarité dans la peine et les ruines de la monstrueuse catastrophe, où ils se sont trouvés jetés l'un contre l'autre, les yeux bandés. Il n'est, pour réparer de tels maux, qu'une parole magique : l'Entraide. Sa valeur n'est pas seulement dans les secours matériels que les peuples meurtris peuvent se rendre. Elle est, plus encore, dans le réconfort moral qu'ils y puiseront, pour leur relèvement. Ce qui a flétri l'âme européenne, ce qui, depuis les années de guerre, pèse obscurément sur le cœur des deux peuples, – et non moins du vainqueur que du vaincu – ce qui les empêche de reprendre goût à la vie, à l'effort, à l'espoir, – c'est la méfiance mutuelle, la rancune, le soupçon avilissant. Les deux victimes ajoutent à leur malheur, en se le reprochant. Amis, – amis de France et d'Allemagne, – allégeons-le plutôt, en le partageant ! Ne perdons plus notre temps en récriminations vaines sur le passé, mais tâchons que l'avenir soit plus clair pour nos fils ! Un champ de travail immense réclame tous nos bras. À l'œuvre, tous, en commun !

3
La volonté de paix
(*Message à « la Volonté de Paix »*.)

Mes amis,

Je prends part à votre commémoration. J'associe ma volonté à votre volonté de Paix. Vous voulez la Paix. Nous voulons la paix. Ils veulent tous la paix, à présent !... Jusqu'à ce bon M. Coolidge et à ses partenaires... Quel succès !... Mais je suis un peu inquiet. Est-ce que nous voulons *tous la même paix ?*

Permettez à un vieil ami de la paix, qui l'a été pendant la guerre, et qui, depuis qu'il observe les hommes et la politique, a appris, non sans risques, à savoir ce que valent les mots et les choses, de vous faire part de certaines de ses expériences !...

Ce n'est pas tout de vouloir la paix. Il faut vouloir aussi les conditions de cette paix. Et d'abord, il faut les connaître.

De quelle paix s'agit-il ? Est-ce de cette paix, fille des batailles, que les généraux d'un pays vainqueur établissent sur les autres pays, après les avoir vaincus, foulés aux pieds et dépouillés ? Est-ce de celle qui, depuis des siècles, constamment défaite, refaite, et redéfaite, a mis dans les mains de deux ou trois États d'à présent un bon tiers de la terre et de son exploitation, bêtes et gens et biens (les biens surtout, les gens ne comptent guère) ?... En ce cas, je crains fort qu'une telle paix ne nécessite un état de guerre perpétuel, car elle est elle-même un état de guerre, elle est une paix de la force, et elle ne durera que ce que durera la force chargée de la garder. En quoi donc vous servirait-il de la proclamer, et d'exiger l'abolition des armées ? Ce serait un non-sens dans les termes : car cette paix est, comme le *Dominus Deus Sabaoth*, une paix des armées. Il faut bien qu'elle reste armée.

J'ai entendu, jadis, un grand *businessman* dire avec bonhomie ce mot, qui manque un peu de délicatesse, mais non point de bon sens : « En affaires, on ne peut pas à la fois manger et dormir. Il faut choisir... » Une paix qui mange et qui veut absorber une partie du monde, ne peut pas s'offrir le luxe de dormir à l'abri du souci.

71

La grande crise de ce temps, voyez-vous, n'est pas seulement une crise politique, économique et sociale. Elle est en fin de compte, une crise morale, une crise de la conscience du monde. Nous nous trouvons à un tournant de l'humanité, où il faut choisir entre deux idéaux : l'idéal de l'avenir et l'idéal du passé. Or, l'un n'est pas encore mûr, et l'autre est plus que mûr, il commence à mourir. Nous voyons se débattre le mourant. Nous entendons vagir l'enfant. Et entre l'un et l'autre, nous ne pouvons nous décider. Cela se comprend ; les deux voix qui nous parlent sont également respectables, ce sont des voix de la piété. Et pourtant, mes amis, il faudra se décider.

L'idéal qui s'en va est *ta Patrie nationale*, qui veut être et rester la première, qui entend maintenir, coûte que coûte, sa suprématie « *über alles !*... »

L'idéal qui vient est la *Patrie humaine*, qui demande à toutes les nations, de se consentir des sacrifices mutuels, afin de s'harmoniser et de coopérer au grand œuvre commun : la maîtrise de la Nature par le genre humain.

Il faut choisir entre eux. Et le choix ne se satisfait point d'une décision des lèvres, d'une de ces sonores et redondantes professions de foi, comme s'en gargarisent les premiers ténors ou les basses profondes de notre Grand Opéra Politique, la « Société des Nations », où le chœur bien dressé répète : « *Marchons ! Marchons !* » confortablement assis dans son : « *J'y suis, j'y teste. Ah ! comme j'y suis donc bien !*... »

Messieurs, il faut marcher. Il faut briser avec un passé, certainement vénérable, mais qui a fait suffisamment ses preuves de sa malfaisance et de son incapacité sanglante !

Je suis bien loin de dire qu'il faut aimer moins notre vieille patrie nationale. Je dis qu'on doit l'aimer *plus*, mais l'aimer mieux, – vouloir que sa puissance repose sur la justice, plutôt que sur la force, sur le respect moral plus que sur l'« *Oderint dum metuant !* » (« *Qu'ils haïssent, pourvu qu'ils craignent !* ») qui est restée la maxime secrète de tous nos gouvernements. Je demande qu'elle comprenne enfin ses véritables Intérêts, qui ne sont point de léser ceux des autres peuples de la terre, en accroissant sans cesse ses conquêtes, mais plutôt, de les restreindre, en sachant se limiter solidement à ce qui est son droit vrai et vital, et en accordant celui-ci avec le droit des autres, grands et petits, afin d'établir ensemble une stable harmonie.

Je dis que le verbe nouveau, l'impératif catégorique des temps qui viennent, qui sont venus, est : *Coopération*. Coopération entière, sans compromis, avec les autres nations. Coopération loyale et franche, entre toutes les races non seulement d'Europe, mais d'Asie et du reste du monde, avec tous ces peuples que nous avons conquis, et à qui nous osons prétendre, en les exploitant, que nous sommes venus apporter la civilisation, alors que tels d'entre eux ont une civilisation plus ancienne et plus haute que la nôtre. Notre intérêt éclairé, qui est d'accord avec la justice, nous enseigne que, dans le monde nouveau, prodigieusement grandi, où se réveillent les énergies d'immenses peuples, qui paraissaient endormis depuis des siècles, une France diminuée en nombre, et grande surtout par l'esprit, sera plus forte par l'amitié des peuples libres ou libérés par elle, dont elle aura reconnu, respecté et défendu les droits, que par le corset de fer de ses armées et de ses flottes, voire de ses alliances, incertaines, instables, dangereuses, que la poussée de l'avenir proche fera éclater.

Je réclame donc de vous – de nous tous – non pas une simple « volonté de paix », mais (« *qui veut la fin, veut les moyens* ») une volonté ferme et vigoureuse de coopération loyale, à ciel ouvert, avec les États d'Europe et du monde. Et pour commencer, il faut mettre fin aux agissements occultes de nos diplomates. Les démocraties d'aujourd'hui ont conservé les systèmes de gouvernement des anciennes autocraties : traités secrets, dictatures de fait assumées sans mandat par les premiers commis effrontés de nos Affaires étrangères, qui s'arrogent le droit de vendre leurs peuples, ainsi que ces principicules allemands du XVIIIᵉ siècle qui vendaient leurs sujets, – en les engageant à leur insu, dans les futures coalitions, sur tous les champs de bataille de la terre, de la mer et des airs. Finissons-en avec ces crimes de droit public, qui sont des crimes de droit commun ! Ne tolérons plus ces trahisons ! Aux compères qui vous disent : « Le secret est indispensable en diplomatie », je réponds : « Oui, aussi longtemps que durera le système actuel d'impérialismes rivaux et jaloux, qui se patelinent les uns les autres, en cherchant à se filouter. »

Mais du jour où commencerait d'exister une vraie coopération, vraiment voulue, entre les peuplés d'Europe et du reste du monde, une pareille diplomatie qui triche ses peuples, en cachant les cartes sous le tapis vert, ne serait plus seulement une inutilité, elle deviendrait une forfaiture.

Assez de mots ! On vous nourrit de l'odeur des plats de Droit, de Paix, de Liberté. Il est grand temps que vous preniez les plats, et que vous y goûtiez. Démocraties, règnes du peuple seulement en nom, quand vous déciderez-vous à l'être en fait ?

Vous voulez la Paix ? Commencez donc par reprendre possession de votre volonté ! À cette heure même, qui l'exerce, en votre nom ? Les hommes mêmes qui ont fait la guerre ! Rien n'est changé dans le personnel qui vous gouverne. Si vous voulez la Paix dans le monde, il faut vouloir des représentants qui veulent la paix. La Paix sans feinte, les mains tendues, non dans les poches, les mains unies, et se partageant également le grand labeur de l'humanité. La paix fraternelle des Travailleurs !

4
Lettre à Gérard de Lacaze-Duthiers sur le pacifisme et la paix

Mon cher Lacaze-Duthiers,

J'ai reçu une lettre de la *Revue littéraire et artistique*, me demandant de faire partie d'une « *Union des intellectuels pacifistes* ».

Je vous prie de m'excuser si j'ai résolu de ne plus faire partie d'aucune association idéologique. Toutes les expériences que j'en ai faites m'ont laissé seulement le regret d'y être entré. Car le confusionisme presque fatal de ceux qui y participent conduit très rapidement à des expressions ou à des actes en complet désaccord avec ma propre pensée.

Le « *pacifisme* » et la « *paix* » sont aujourd'hui des termes qui prêtent particulièrement à des équivoques. Nous voyons des partis et des hommes les plus suspects s'en emparer. Tout mot exige une définition précise. Il y en a, pour le mot « paix », autant que de paix différentes. Si « paix » signifie : « paix de Versailles », acceptation fructueuse par les Français de ses injustices, de ses crimes et de ses profits, je dis : « Je suis l'ennemi de cette paix ». – Si « paix » signifie : faire, ou laisser faire obstacle au progrès social, acheter les privilèges d'une classe bourgeoise intellectuelle par l'écrasement ou l'étouffement d'une classe ouvrière, je dis : « Je suis l'ennemi de cette paix », etc. – Je vous fais grâce de la suite. Ce pourrait être une litanie.

Le mot de paix est un bonnet qui couvre trop de têtes différentes. Je préfère rester tête nue. J'ai défendu la paix, en France, quand c'était un crime d'en parler. Je suis demeuré fidèle à cette paix ; mais elle n'est pas celle de la plupart des « pacifistes » français ; et de récentes expériences m'ont convaincu que la meilleure façon de la défendre serait, pour moi, de la défendre en dehors de toute ligue ou association, – en indépendant que je suis.

5
Il faut réviser les traités

I

J'adresse mon salut fraternel à tous ceux et à toutes celles qui, réunis ici ce soir, ont pris à cœur la tâche difficile, souvent ingrate, de réveiller l'opinion publique, trop habituée dans les démocraties à se décharger des responsabilités et des soucis publics sur ses gouvernements et à attendre d'eux, à l'heure actuelle, le Désarmement et la Paix internationale. Les gouvernements doivent sans cesse être tenus en main par ceux qui les ont élus. Et si les gouvernants sont loyaux, leur Intérêt même est de s'appuyer sur une opinion forte et éclairée ; elle seule leur donne le point d'appui et l'énergie nécessaire pour lutter contre les blocs énormes d'égoïsmes coalisés par les puissances nouvelles de l'Argent, qui constituent aujourd'hui, comme l'a nommé un des plus courageux pacifistes allemands, « *l'Internationale sanglante des armements* ».

Il nous faut donc sans relâche remuer l'opinion des peuples engourdis, leur dénoncer les menées secrètes, la conspiration permanente contre le désarmement, qui, de plus en plus, réussit à Introduire ses complices aux sièges les plus élevés des gouvernements. Si l'ancien cri : « *Caveant consules !* » ne suffit plus, si les consuls trahissent ou sont devenus impuissants à veiller, que le peuple veille lui-même : « *Caveant populil* »

*
* *

Ce n'est pas tout. Nous parlons beaucoup de désarmement et nous avons réussi à en faire pénétrer l'écho au fond des masses. Mais que ce ne soit pas seulement un écho, un bruit de mots ! Il ne suffit pas de répéter : « Paix ! Paix ! » On dirait des troupeaux qui bêlent. Leurs bêlements n'attendrissent pas le boucher... La paix n'est pas un thème à variations vocales. Elle doit être *réalisée*. Et pour être réalisée, il faut qu'elle soit *réalisable*.

Une paix basée sur le *statu quo* politique, économique et social de l'Europe et du monde présents est une cruelle illusion et un non-sens. L'état de choses instauré par les traités de victoire en 1919, et aggravé, depuis, par les aberrations des politiciens, est un état de violence et d'injustice permanent, qui ne peut matériellement se prolonger sans catastrophe : car, pour les deux tiers de l'Europe, il est une cause permanente de souffrances, une plaie béante qui s'envenime ; et l'Infection gagnera nécessairement tout le reste du corps, toute l'Europe, le monde entier.

Je souscris aux paroles récentes du sénateur américain Borah, président de la Commission des Affaires étrangères du Sénat, recevant, au Capitole de Washington, les journalistes français et américains qui accompagnaient Pierre Laval :

« *Le désarmement de l'Europe ne sera possible que dans la mesure où le statut territorial sera rendu équitable et conforme aux aspirations des peuples.* »

Il faut réviser les traités. La difficulté et les dangers de la tâche ne doivent pas nous arrêter. Ce qui est nécessaire doit être exécuté, – exécuté sans retard. Le plus grave danger est de remettre au lendemain la tâche dangereuse d'aujourd'hui. Car le danger se capitalise, et il devient vite écrasant. Quand le feu a pris dans la maison, ce n'est pas demain qu'il faut aller chercher les pompes… Au feu ! Et tous, formons la chaîne !

*
* *

J'aurais bien davantage à dire : car je ne pense pas que l'incendie ne soit allumé que d'un seul côté ; et ce n'est pas le seul statut politique de l'Europe qui est à réviser ; il faudra bien réviser aussi le statut social. C'est l'organisation actuelle de la société qui est génératrice du déséquilibre monstrueux, dont le produit est, sous nos yeux, ces Internationales capitalistes des armements, dont je dénonce – après tant d'autres ! – la griffe enfoncée sur les gouvernements.

Mais à chaque heure suffit sa peine. Pour celle d'aujourd'hui qui nous rassemble, unissons-nous pour imposer aux gouvernements la voix impérieuse des peuples qui leur crient :

« Nous voulons vivre ! Désarmez ! Les armements, c'est la mort…
Désarmez ! La paix sociale est à ce prix. »

6
Il faut réviser les traités

II

Je ne crois pas au succès de la Conférence du Désarmement. Je ne crois pas à la possibilité de ce succès. Je ne crois même pas que les États représentés à la Conférence désirent sérieusement ce succès. Leur seul objet, à la Conférence, est de ménager l'opinion des peuples, longtemps dupée, mais qui commence à s'éveiller ; ils vont leur jeter, une fois de plus, de la poudre d'idéalisme aux yeux.

Le désarmement n'est possible qu'entre puissances qui ont abdiqué leurs motifs de peur et de haine. A-t-on rien fait pour abolir ceux-ci ?

Croit-on qu'une Europe, dont les deux tiers ont signé, le genou du vainqueur sur la poitrine, des traités de contrainte brutale, qui les ont matériellement déchirés et moralement ulcérés, puisse désarmer sincèrement ? Elle ne le pourra jamais avant qu'une loyale révision des traités, faits d'un commun accord, ait cherché non seulement l'apaisement des rancunes et des souffrances, mais la réorganisation d'une Europe *qui puisse vivre :* car l'Europe qu'ont charcutée les vainqueurs, sur la table d'opération de Versailles et de Trianon, *ne peut pas vivre.* Une Hongrie, une Bulgarie, surtout une Autriche, (pour ne parler que de celles-ci), telles qu'elles sont sorties de leurs mains, font penser à ces monstres sans visage, sans bras, sans jambes, sans sexe, chefs-d'œuvre de la chirurgie des champs de bataille. Que des hommes politiques, des diplomates, aient pu se livrer à cette boucherie dérisoire, c'est un crime non seulement contre les nations vaincues et mutilées, mais contre les vainqueurs, contre l'Europe et contre leurs propres pays : car les explosions du désespoir qui en seront les fatales conséquences ébranleront jusqu'aux fondements la puissance matérielle et morale des vainqueurs qui ont abusé de la victoire. Qu'ils ne comptent pas que quinze ans d'impunité établissent une prescription ! Il n'est jamais de prescription pour un état de choses contre nature. Plus il se prolonge, plus il s'infecte.

J'ai dit vingt fois que le salut de la France et de l'Europe ne peut venir que de l'initiative franche et hardie des vainqueurs – et en premier lieu, du plus puissant : la France – à rechercher loyalement, dans un Conseil de toutes les nations, les erreurs funestes des traités qu'ils ont imposés et les moyens de les réparer ou de les atténuer, en arbitrant les conflits qui rongent l'Europe malsaine d'après-guerre. Je le redis, sans grand espoir d'être écouté.

Alors, la parole sera à la *Dikê* – la dure Loi de justice immanente à l'histoire. Les destins de l'Europe ne pèseront pas lourd dans ses mains. Je crains qu'on ne distingue plus, après qu'elle aura passé, entre vainqueurs et vaincus. Tous vaincus… « *Etiam periere ruinæ…* »

7
Il faut réviser tout l'ordre social

J'apporte mon salut cordial à la *Conférence libre du Désarmement*, où je compte tant de vieux compagnons de combat pour la paix. – (Je lie étroitement ces deux mots : « *paix* » et « *combat* », car il s'agit d'un rude combat.) – Nous nous connaissons depuis trop longtemps pour avoir besoin d'échanger, une fois de plus, entre nous, des paroles de fervente et platonique protestation contre l'écrasant état de choses, fait de violence et de mensonge, sous lequel gît l'Europe fiévreuse et mutilée, rescapée de la dernière guerre. Nous avons assez de fois dénoncé l'hypocrisie de la paix non pas seulement armée, mais qui ne cesse d'accroître ses armements, la conspiration permanente contre le désarmement, qui a ses agents dans les rangs mêmes des gouvernements – allons plus loin ! – qui a ses agents dans cette pseudo-Société des Nations, dont la faiblesse lamentable et confinant à la trahison ne s'est jamais plus honteusement étalée que dans la périlleuse crise actuelle et dans le conflit sino-japonais.

Ce que nous devons rechercher ici, ce sont les moyens de lutter contre ces ennemis de la paix, dont les pires sont, pour chaque peuple, les ennemis non du dehors, mais du dedans. Et je m'excuse par avance si les conclusions où j'arriverai doivent heurter les croyances traditionnelles ou les convictions raisonnées de nombre d'entre vous : je dis les miennes ; chacun de nous peut se tromper. Nous nous devons la vérité.

Nous serons d'accord, je pense, (du moins la plus grande part d'entre nous), sur ce point de départ, que nul. Désarmement des peuples et des armées n'est possible, sans au moins deux principales conditions préalables : 1° la révision des traités de 1919 ; 2° le désarmement imposé aux profiteurs des armements. Et je motiverai sommairement ces deux conditions.

1° Les traités d'injustice et de violence, imposés à Versailles et à Trianon, maintiennent encore aujourd'hui les deux tiers de l'Europe matériellement déchirés et moralement ulcérés, sous la contrainte du vainqueur. Tant que le vainqueur – (et c'est nous) – se refuse à les réviser, il s'oblige par cela même à maintenir sa cuirasse monstrueuse qui l'écrase en le protégeant, et à accroître sans cesse ses armements

81

qui seuls forcent la soumission du monde. J'ai dit, j'ai redit, j'ai répété encore en janvier dernier, qu'il y avait urgence à ce que la France prit l'initiative de cette révision, si elle voulait s'en assurer quelque bénéfice : car de toute façon, cette révision sera, se fera, ou avec elle, ou contre elle. Et depuis, les évènements nous ont donné cruellement raison. Nous avons eu l'humiliation – le soufflet asséné à la face de la France par l'Italie fasciste, qui, beaucoup moins par raison politique que par sournois machiavélisme, nous a volé cette initiative et s'en est fait attribuer l'honneur par les peuples vaincus d'Europe, dont elle cherche à grouper la clientèle contre nous. Lourde défaite, qui sera suivie de beaucoup d'autres, et qui, si la France, réveillée, ne forçait la main à ses incapables gouvernants, mènerait la France à l'isolement et à l'encerclement fatal, pareil à celui de l'Allemagne avant 1914. Nous y marchons.

2° La seconde condition préalable est beaucoup plus grave encore. De criminelles puissances industrielles vivent et s'engraissent, sur notre sol, comme sur celui de l'Allemagne et d'autres États, – sont grasses des armements et des morts. Des profiteurs de toutes les guerres, en ce moment même, ici, en France, vendent indifféremment la mort à la Chine et au Japon, la vendront demain à l'U.R.S.S. et contre l'U.R.S.S., comme ils l'ont vendue pendant la guerre de 1914 et à nos armées et à nos ennemis. Il n'est plus un de nous qui ne le sache, – et demain, il faut qu'il n'y ait plus un homme, plus un enfant de France et d'Allemagne qui ne le sache : le pire ennemi de la paix n'est pas aujourd'hui le nationalisme halluciné de quelques millions de dégénérés et d'attardés, comme les Hitlériens d'Allemagne (chaque pays a les siens), – mais l'internationalisme capitaliste de quelques groupements bancaires et industriels, qui organisent et exploitent la guerre, n'importe quelle guerre, ici ou là, comme une affaire à gros rendements. Car les hallucinés du nationalisme militaire ne sont plus que des masses aveugles qu'on mène, à coups de journaux et d'opinion fabriquée ; mais les vendeurs et profiteurs de la mort sont ceux qui fabriquent aujourd'hui l'opinion, qui ont acheté les journaux, et qui tiennent en bride les gouvernements.

Ces deux conditions préalables étant posées : révision des erreurs et des injustices des traités ; désarmement imposé aux puissances financières qui administrent les armements, – sachons en mesurer les difficultés, l'énormité de l'adversaire, et froidement évaluer les forces que nous avons à lui opposer.

En toute sincérité, pensons-nous que nos voix d'intellectuels indépendants (ils n'ont jamais été légion, ils le sont moins que jamais) et les bonnes volontés de quelques milliers – mettons de quelques millions de braves gens qui nous écoutent, trop passivement, suffisent à faire tomber, par une procession de conférences autour d'elles, les murailles de Jéricho ? Il s'agit, non pas seulement d'ébranler, mais de soulever et d'armer l'opinion d'un peuple. Le pouvons-nous, avec nos armes actuelles ? Nos armes actuelles, c'est le suffrage universel. Nous allons voir ce qu'il va donner ! En ce moment, se livre le combat des élections. Quel qu'en soit le résultat, bonnes gens, mes compagnons, attendez-vous que l'état des choses en soit vigoureusement transformé, (comme il est indispensable à présent : car il ne s'agit plus de mettre des emplâtres sur des bobos, il faut opérer vite et profond le cancer) ? Or, quelques changements que les élections amènent dans le personnel du Parlement, vous imaginez-vous sérieusement que l'un ou l'autre des partis aura la force – qu'il aura même la volonté – de crever l'abcès, d'extirper toutes ces tumeurs issues de la guerre, de juguler ces grandes puissances meurtrières de l'industrie lourde et des armements, et d'imposer la révision du statut politique qui est le terrain malsain sur lequel elles prospèrent ?

Pour moi, je ne le pense absolument pas. Nous connaissons trop les chefs des partis parlementaires en présence, pour nourrir l'espoir qu'il y ait en eux l'élan d'un héroïque rajeunissement. Et quant au pouvoir de l'élite intellectuelle indépendante, depuis quinze ans que je m'efforce de la rassembler, j'ai appris le peu qu'elle est, le peu qu'elle peut, isolée comme elle le fait, des couches profondes du pays. Je l'ai écrit à plusieurs de mes amis qui sont ici : Contre l'insolente, la meurtrière « liberté », que revendique ironiquement et que soutire à tous les États, contraints, forcés ou achetés, le commerce international des armes, – contre l'Internationale des gaz et des canons, les intellectuels ne peuvent rien, ils ne sont rien, s'ils n'en appellent au monde du travail, aux ouvriers des usines, des arsenaux et des chantiers, pour déclencher, à l'heure dite, le grand Refus, la grève générale et non point passive, mais active. Or c'est, en fait (inutile de se faire illusion !) le premier pas de la Révolte sociale. Il faudra bien en arriver là, si l'on ne se résigne à voir l'Europe asservie par les Comités de l'industrie lourde et des produits chimiques, les trusts de l'huile et de l'acier, qui font les guerres à volonté. Aucune action profonde et durable pour la paix entre les peuples n'est possible, tant que persiste un état social que domine le grand capital des industries et des banques. C'est tout l'état social qu'il faut changer.

Je sais les conséquences redoutables de cette constatation. Je ne Vois pas les moyens d'y échapper. Il y a deux ans, en septembre-octobre 29, eut lieu à Lyon le Congrès international des membres de « *la Réconciliation* ». Vous savez à quel point cette élite spirituelle, profondément christianisée, affiliée aux organisations des « *Amis* » (des *Friends*), est éloignée de toute violence politique et sociale. Elle est le champion le plus convaincu des doctrines de la Non-Acceptation gandhiste. Dans ces journées de Lyon se trouvaient là des personnalités de premier plan, dont plusieurs sont des vôtres ici : Roger Baldwin, Henri de Man, André Philip, le prof. Siegmund-Schultze, de Berlin ; Marcel Auvert. Or, ils sont arrivés à des Déclarations d'une importance considérable dans l'histoire de la pensée chrétienne et sociale : car elles aboutissent à la reconnaissance de la lutte de classes et à la nécessité d'y prendre part dans les rangs des opprimés, – le système social actuel constituant, selon leur juste et rude définition, une « *agression capitaliste* ».

Je vous demande la permission de vous en lire quelques extraits :

« *Nous, membres de la Réconciliation, réunis en Congrès à Lyon... sommes unis dans la conviction :*

1° que le système économique actuel est incompatible avec les principes d'un ordre social véritablement chrétien ;

2° que la lutte de classes est un fait dans lequel, que nous le voulions ou non, chacun de nous est impliqué, – que, comme chrétiens, nous devons prendre position...

3° que notre société actuelle est puissamment organisée dans l'intérêt d'une classe privilégiée, et qu'il convient donc de considérer, dans le conflit des classes, le système capitaliste comme l'agresseur. Donc, comme membres de la Réconciliation, nous nous sentons contraints, chaque fois qu'il sera possible, de donner notre appui aux individus, groupes et organisations prolétariennes qui luttent contre l'oppression et contre l'exploitation sociale ;

4° *que notre méthode consiste à encourager tous les moyens possibles de lutte non violente, etc.* »

Or, si des hommes aussi pénétrés que ceux-ci du grand esprit chrétien de paix et d'amour, ont dû, Instruits par les expériences sociales, en venir à cette dure, mais saine constatation, – vous, ici, resterez-vous en arrière ? vous fermerez-vous les yeux sur l'incapacité de l'intelligence bourgeoise à agir efficacement aujourd'hui sur le terrain social, si elle ne se met en liaison étroite de pensée et d'action avec le travail ouvrier ? Où cette alliance doit-elle nous mener ? Ce n'est plus le temps de louvoyer. Je le dis nettement : à un changement radical, à une Révolution de la société. La question n'est plus si ce changement doit ou ne doit pas être. La question est uniquement, par quels moyens, par quelle tactique, ce changement doit s'opérer, de la façon la plus sûre et la plus prompte : car le maintien de la société actuelle est impossible. Il est mortel. À vous de décider, si vous croyez pouvoir vous inspirer de l'exemple de l'Inde organisée dans son mouvement du *Satyagraha* par Gandhi, ou de celui de l'Union des Républiques Socialistes Soviétiques ! Quoi qu'il en soit, je pose le dilemme : Ou la résistance active et effective de tout un peuple organisé, au sens gandhiste ; ou le soulèvement organisé du travail manuel et intellectuel. *De toute façon, la justice sociale doit s'accomplir.* Elle seule imposera le Désarmement réel et la Paix.

8
Le pacifisme et la révolution

Au moment où la *Ligue Internationale des Combattants de la Paix* va s'assembler en un congrès, pour discuter, comme il est nécessaire après une expérience de deux années, ses principes et ses moyens d'action, mon devoir de président d'honneur de la Ligue est de lui rappeler que je lui ai posé, par lettre ouverte du 12 juillet 1932 à Victor Méric, publiée dans *la Patrie Humaine*, trois questions essentielles, auxquelles il n'a pas été répondu.

Je me vois obligé de les renouveler en les précisant : car nous ne pouvons plus accepter d'équivoque sur les directives d'une action, qui peut d'un jour à l'autre devenir nécessaire.

Je lis dans les statuts de la Ligue, republiés par Méric, dans le Bulletin officiel de la *L.I.C.P.* encarté dans la *P.H.* du 11 au 18 mars, les déclarations de principe que voici :

« *La Ligue place le pacifisme au-dessus de tout...* »

« Quand on adhère à la *L.I.C.P.* on prend ses responsabilités pour lutter *sur un terrain unique :* celui du pacifisme. »

Méric affirme, d'un ton peut-être trop absolu, que ces déclarations qui font partie de la charte de la Ligue sont intangibles, et que, « sous aucun prétexte », il n'est permis d'y porter atteinte. J'estime, tout au contraire, que rien n'est Intangible devant la raison et l'expérience, et que ces principes, qui n'ont jamais été sérieusement discutés par l'assemblée plénière, doivent être examinés par elle, à la lumière des faits que nous avons observés, pendant ces deux ans de la vie de la Ligue.

En ce qui me concerne, je ne trouve point que ces déclarations, que je viens de citer, abstraites et massives, tiennent assez de compte des nécessités et des devoirs de la réalité – nécessités et devoirs, aussi bien individuels que sociaux, aussi bien matériels que moraux.

Je pose, à titre d'exemples, quatre questions types :

1° SI la liberté Individuelle, si la vie est menacée, instituez-vous le règne du pacifisme absolu, qui veut la non-résistance à la violence imposée, ou la résistance pure de l'esprit sans violence effective ?

2° Si, personnellement, ayant réussi à vous tenir à l'abri, vous voyez les populations de votre pays livrées aux horreurs d'une invasion, –

ou, plus précisément, à la destruction probable de villes ou de régions par les flottes aériennes, – conseillerez-vous aux victimes, ou à ceux qui sont en danger de l'être, la même attitude de non-résistance et de pacifisme absolu ? Sinon, que leur conseillerez-vous ?

3° Si (et ce n'est plus une hypothèse) si une classe sociale, si un peuple ouvrier, sont broyés par la force sans scrupules et sans frein d'un coup d'État fasciste, comme en Italie, en Allemagne (et l'exemple s'étend), – conseillerez-vous aux écrasés, la tactique ou la morale des bras croisés ? Sinon, que leur conseillerez-vous ?

4° Si (et ceci n'est même plus un évènement exceptionnel, mais un état de choses permanent, et nous en sommes tous complices) si le gouvernement qui nous représente exerce sur des pays conquis, sur des races asservies, une exploitation dégradante et meurtrière, si la communauté nationale dont nous faisons partie bénéficie de ces crimes, et si les exploités, si les peuples excédés se révoltent, leur conseillerons-nous notre « pacifisme » d'exploiteurs, l'acceptation patiente ? Ou que leur conseillerons-nous ? Dirons-nous : « C'est trop loin ! Occupons-nous de nous et que chacun fasse de même ! Chacun pour soi ! »

Je ne puis croire que ce soit là votre pensée, ou celle d'une majorité d'entre vous. S'il en était ainsi, je me séparerais sur-le-champ de la Ligue. Je ne puis pas admettre que la Ligue limite ses préoccupations au salut individuel, sous quelque forme qu'on le conçoive, soit sous les formes plus nobles de l'Objection de conscience morale ou religieuse, soit sous les formes plus basses du sauve-qui-peut égoïste. Je trouve naturel que ces préoccupations existent et qu'on en tienne compte. Mais si elles prétendaient être exclusives et se désintéresser du salut social, de la protection de la communauté humaine, elles seraient honteusement insuffisantes, et je les taxerais d'indignité.

Le *pacifisme* ne saurait, sans démoralisante abdication, être « *placé au-dessus de tout* », – au-dessus des luttes désespérées des exploités et des opprimés : il ne serait pas neutre, – il n'y a point de neutres en face de l'oppression. Ou l'on est contre elle, ou on est pour elle, on est complice. Il faut choisir. Il est trop facile de se proclamer « contre toutes les guerres ». Vous ne pouvez mettre dans le même sac les opprimés et les oppresseurs.

Je vous demande de dire nettement de quelle façon vous envisagez :

1° Les luttes fatales du prolétariat contre impérialistes et fascistes, la Révolution nécessaire ;
2° Les soulèvements inévitables des peuples asservis, l'indépendance armée des colonies.
Quelle sera votre attitude, votre ligne d'action, à leur égard ?
Vous pouvez préconiser telle ou telle tactique, celle de Gandhi : la Non-Acceptation non violente organisée, ou celle de Lénine, la Révolution avec toutes les exigences d'action qu'elle comporte pour substituer à l'état actuel de la société un État nouveau plus juste et plus humain. Mais il vous est interdit de vous dérober à la question. Elle s'imposera à vous, demain, dans le feu et les fumées sanglantes de l'action. Vous laisser prendre à l'improviste, sans avoir arrêté vos plans, serait vous condamner à la défaite – non pas glorieuse – mais abjecte des pacifistes de 1914, errants et aberrants sans direction. Fixez vos plans !

Je sais que ce ne peut être sans discussions orageuses, qui risquent de briser l'unité de votre mouvement. Car, pour parler franc, les volontés les plus contradictoires se trouvent actuellement associées sous l'étiquette commune de pacifisme. Je n'attache aucun prix à une pareille unité qui repose sur la confusion. Avant que les faits se chargent de la rompre, dans des conditions d'affolement qui seraient mortelles, je crois plus sain et plus honnête que les camps d'esprit différents s'affrontent, dans les discussions du congrès, et que s'opère, s'il le faut, mais loyalement, la scission. Des minorités qui savent clairement ce qu'elles veulent, ce qu'elles peuvent, et qui sont d'accord pour l'exécuter jusqu'au bout, sont beaucoup plus fortes que des majorités troubles qui n'ont jamais voulu faire franchement le jour dans leur chaos. Nous en avons eu trop d'exemples, dans la France pendant ta guerre et dans l'Allemagne de ces derniers mois.

Osez être franchement, au grand jour, ce que vous êtes ! Affirmez nettement votre ligne d'action.

Pour ce qui est de moi, j'affirme la mienne. Je mets au-dessus de tout la défense des opprimés par l'état social, et leurs efforts pour réaliser une société nouvelle, – la défense de la révolution sociale et des peuples exploités, et j'appelle à leur secours les forces alliées des non-violents organisés, des objecteurs de conscience, et du prolétariat armé.

Une telle déclaration sortant de la stricte neutralité exigée par la Présidence d'honneur de votre Ligue, à l'heure où celle-ci va se décider entre des directions diverses, je vous remets ma démission, en vous remerciant du grand honneur que vous m'avez fait, et je rentre dans le rang, – mais à la place que m'impose ma conviction : à l'extrême-gauche de l'action.

R.R.

V
Messages aux intellectuels

1
Message au Congrès des instituteurs de France

Mes chers Camarades,

C'est un regret pour moi de ne pouvoir assister à votre Congrès. Mais de cœur je suis avec vous. Nous sommes réunis en une même pensée de condamnation du système d'enseignement actuel.

Le mot de faillite que vous prononcez à son sujet et à celui de la classe bourgeoise qui l'instaura, n'est pas tout à fait juste, hélas ! Cet enseignement n'a que trop bien réussi. Nous en voyons les désastreux effets. C'est à lui que l'on doit la mentalité générale de l'Europe d'aujourd'hui, cet idéal malsain d'orgueil nationaliste, de méfiance et d'envie mutuelles entre les peuples, cet égoïsme de clan qui cherche son bien dans le mal du voisin, cette exaltation morbide de la mort et du meurtre pour une patrie barbare. L'emprise d'un tel enseignement sur la pensée du monde a été si forte que même les plus libres d'entre nous n'ont réussi que lentement, péniblement, à s'en dégager ; et tous n'y sont pas parvenus. Rappelons-nous l'abdication de la plupart pendant la guerre, les indécisions et les contradictions des autres, s'efforçant, même contre l'évidence, de concilier les inconciliables : l'amour de l'humanité et le culte de ces patries guerrières, dont les rivalités sanglantes déchirent l'humanité.

Chacun de nous doit faire son examen de conscience. Pour moi, je le dis franchement, ce n'est que peu à peu, au cours de cette guerre, que le voile s'est déchiré, et j'ai dû reconnaître la somme énorme d'erreurs, de partis-pris et de mensonges accumulés en moi, comme en tous ceux de mon temps, par l'éducation.

Tout est à réviser, comme l'a dit Zoretti, en histoire, en morale, en instruction civique. Particulièrement en histoire. Qu'est-ce que l'histoire ? L'histoire des vainqueurs, d'une nation, d'une classe, d'une tribu, d'un groupe qui l'a emporté, dans la lutte, et qui rabaisse ou qui nie tout ce qui n'est pas soi et les siens, au profit de ses intérêts et de sa vanité !

Dans un curieux livre, paru au lendemain de la guerre, sur la Grèce antique, un Allemand d'esprit libre et original, étudiant les précurseurs helléniques du pacifisme actuel, – dont le plus grand fut Périclès, – faisait la remarque que tous les historiens antiques, issus de la classe dirigeante, et les modernes à leur suite, ont faussé, Inconsciemment ou non, le récit des évènements ; ils ont voilé ou supprimé, ils ont fait disparaître de l'histoire les faits contraires à leurs préférences de classe ou de parti : et cela est frappant en ce qui concerne la question capitale de la paix et de la guerre. « *Jusqu'à présent*, dit mon auteur, *tous les historiens ont été des historiens de guerre* », des antipacifistes, des apologistes de la Patrie guerrière ; et de là vient que les efforts héroïques et géniaux de ceux qui, dès l'antiquité, tentèrent de museler la guerre, de fonder un régime d'arbitrage international et de Fédération des Peuples, ont été obstinément dénaturés et étouffés. Erreur ou crime initial, dont les conséquences ont été immenses : car l'antiquité classique n'a cessé d'être, jusqu'à ces derniers temps, l'arsenal où s'est approvisionnée la pensée de nos races d'Occident.

Ceci n'est qu'un exemple. D'une façon générale, on peut dire que les vaincus, ou les indépendants, ont été systématiquement éliminés de l'histoire du monde et des exemples qu'elle offre à nos énergies.

On m'a reproché parfois d'être l'apologiste des vaincus. Non ! mais leur défenseur contre l'injuste force. La civilisation actuelle d'Europe et d'Amérique représente la victoire d'une fraction seulement des forces du monde ; et il est faux de prétendre que la suprématie matérielle de cette fraction soit nécessairement un signe de sa supériorité profonde. La seule victoire véritable et féconde serait l'union et la coopération consenties de toutes les forces de l'univers. C'est à quoi nous devons viser. Dans tous les ordres de choses, un libre et large enseignement doit travailler à la *synthèse* – synthèse des forces dispersées et trop souvent opposées, synthèse des nations et des pensées différentes. Une des conséquences essentielles de ce principe est la nécessité que s'établisse l'*École unique internationale*, où s'opère la jonction des divers courants humains, des aptitudes

91

diverses, du travailleur manuel et de l'intellectuel, recevant, avant toute spécialisation, une même éducation générale, spéculative et pratique, que je nommerai « panhumaniste », universellement humaine.

Ici, permettez-moi de vous soumettre une réserve, au sujet d'une des conclusions (la quatrième) adoptée, à votre Congrès fédéral de Lyon. Il est dit :

> Le système général de l'enseignement devra tendre à développer chez l'enfant, jusqu'à leur extrême limite, les facultés intellectuelles, morales et physiques. Il devra armer l'homme, en vue de son rendement pour une production générale maximum.

Ces paroles me semblent l'expression d'une époque de combat, où les énergies sont tendues jusqu'à l'exaspération. Mais je crois qu'il y aurait quelque danger pour l'hygiène intellectuelle et morale, voire physiologique, de l'humanité, si l'on se proposait de la maintenir à ce point extrême de tension. L'humanité actuelle souffre beaucoup moins d'un manque de travail que d'une mauvaise répartition de ce travail, inégal et saccadé. Il en résulte un caractère fiévreux qui provient d'un déséquilibre entre ceux qui travaillent trop et ceux qui ne travaillent pas assez – déséquilibre entre les besoins normaux de l'homme et la surtension des énergies. Ce déséquilibre me paraît caractéristique de l'époque actuelle ; il est grave, car il livre au hasard de toutes les bourrasques de pensées et de passions, les âmes vibrantes et fatiguées ; j'en vois l'effet dans l'affolement général, le vertige des esprits européens, depuis juillet 1914. Il faut y remédier, en tâchant d'introduire dans l'enseignement, et, par lui, dans la vie, un Idéal d'harmonie. Harmonie dans l'ensemble du travail humain, mieux réparti. Harmonie dans l'activité, mieux distribuée, de chaque individu.

Pour ce qui est de la répartition du travail entre tous, qui suppose l'obligation du travail pour tous, ce principe fondamental ne pourra être réalisé que par une transformation radicale de la société, très probablement par une Révolution qui l'impose. L'enseignement doit proclamer la nécessité de cette réalisation et exalter le travail, la sainteté du travail. Mais il doit veiller aussi à ce que ce travail ait un caractère harmonieux. Il lui faut trouver l'équilibre à garder entre la spécialisation et le développement général de l'esprit, entre la tâche utile à la communauté et le recueillement intérieur. Accroissez à la fois l'activité laborieuse qui serve à tous et la concentration personnelle ! Et pour sauvegarder celle-ci, défendez les loisirs nécessaires et la liberté de ces loisirs. Au milieu de l'ardente course au progrès de la collectivité « jusqu'à l'extrême limite », ménagez à l'âme individuelle des haltes et des abris, où elle puisse exercer le droit sacré qu'elle possède de se replier sur elle-même pour reprendre conscience de ses puissances cachées et de ses destinées propres. Une communauté forte a besoin de fortes consciences individuelles.

*
* *

Si de ces principes généraux nous passons aux réalisations immédiatement possibles, sans doute nous nous heurterons toujours, sous les régimes actuels, à l'État qui fabrique les cerveaux à son usage, et qui prétend rester seul à leur imposer sa marque.

Il faudrait étudier comment les intellectuels russes ont réussi, entre 1905 et 1914, à former le peuple russe, sous le régime le plus oppresseur, comment ils ont pu, malgré la censure la plus tyrannique, faire pénétrer dans les classes les plus étendues la pensée la plus hardie : (car c'est une grande erreur d'en rester, pour la Russie d'avant la Révolution, comme on le fait en France, à l'Idée surannée du peuple le plus Ignorant d'Europe et de ne pas tenir compte des transformations opérées depuis la fin du XIXe siècle, surtout depuis l'année critique 1905, et de l'énorme appétit de lecture, de la faim de savoir, qui s'y sont développés).

J'ai eu l'honneur de connaître quelques-uns de ces grands intellectuels russes, qui se sont faits les éducateurs de leur peuple. Causant avec l'un d'eux, je l'entendais me dire que la censure tsariste avait saisi une quarantaine de ses livres ; et comme je le plaignais, il me répondit en souriant : « Oh ! cela ne fait rien. Cent vingt autres de mes ouvrages ont échappé à la censure. » Il s'était voué à la rédaction d'une quantité de petits manuels, expliquant au peuple l'ensemble des connaissances actuelles, en science, en art, en économie sociale, dans tous les domaines ; il s'était fait, avec un merveilleux talent, une Encyclopédie vivante pour éclairer son peuple.

Certes, il n'est guère possible de rencontrer beaucoup d'exemples d'une telle universalité ; mais il serait utile que des groupes d'intellectuels fondassent des collections de petites brochures de « contre-éducation » encyclopédique qui remissent au point l'histoire politique et sociale, l'histoire littéraire, la morale civique, la pensée scientifique, encombrées de fausses traditions, d'erreurs et de préjugés. Notre littérature même en est imprégnée. Non seulement la connaissance des œuvres étrangères est réduite à néant, mais celle des œuvres françaises est tendancieusement limitée à un ou deux siècles d'ordre royal et d'unité classique, qui ne représentent qu'un des moments, non le plus riche, ni le plus foncièrement gaulois, de notre développement dix fois séculaire.

En tout et partout, le rôle des éducateurs modernes est de détruire les préjugés qui séparent les hommes. Reprendre la vieille devise de Voltaire : « *Écrasons l'infâme !* », en l'appliquant aux monstres nouveaux. Armons-nous, pour cette lutte, de toutes flèches des penseurs libres de France : les francs archers du Doute et de l'Ironie libérateurs : Montaigne, Rabelais et les Encyclopédistes. En même temps, donnons à l'enfant la connaissance et l'amour de sa vraie patrie, que n'enferment point d'étroites frontières, mais qui embrasse l'humanité.

Faisons-lui connaître ses frères étrangers et relions-les ensemble par tout un réseau de petites publications, bulletins et correspondance internationaux, réguliers, traductions et lectures, échanges de conférences et de voyages d'études.

Enfin, développons l'initiative individuelle, soulevons l'enthousiasme et l'espoir ! Préparons les générations qui viennent aux grands renouvellements, qui ne s'opéreront pas sans combat.

*
* *

L'humanité peut tout. Le développement prodigieux des sciences depuis un siècle, qui s'est prodigieusement accéléré encore depuis vingt ans, par des découvertes inouïes, transformant les données mêmes de l'intelligence, cette magnifique voie triomphale de l'esprit humain ouvre à ses espérances un espace illimité. Et c'est ce moment que les peuples d'Europe choisissent pour se rejeter en arrière, dans l'abîme des passions nationales, des guerres patriotiques, de la bestialité !

Allons ! réveillons les énergies, celles d'espoir et de foi en l'avenir puissant et fraternel, comme celles du fier scepticisme et de la libre négation des idoles meurtrières du passé !

Les grandes bourgeoisies de France et d'Angleterre, qui ont, en leur vigoureuse maturité, accompli les révolutions des derniers siècles et qui, sur les ruines des royautés déchues, ont assis leur domination, prétendent intimer cet ordre à l'humanité : « Tu n'iras pas plus loin ! »…

Tu iras *toujours plus loin*. Rien ne t'arrêtera, humanité, c'est ta loi. La loi de l'esprit invincible, ce souffle de l'infini, – vrai divin, seul divin, – qui est en nous. Et qui, tant qu'un homme vivra, cherchera à illuminer un peu plus de l'immense nuit, par l'intelligence et par l'amour.

2
Contre l'idéologie nationaliste, issue de la révolution française

… Parmi tant de nobles pensées, dont vous tâchez d'inculquer à l'enfant la droiture et l'humanité, permettez-moi de regretter quelques touches, dont l'idéologie me paraît bien dangereuse et, de plus, erronée. Vous avez conservé le culte de la Révolution Française et de son Évangéliste, Michelet. Je les admire tous deux. Mais tous deux, je les juge. Et je les rends responsables, pour une bonne part, de l'impasse mortelle où s'est engagée la déraison passionnée de nos démocraties. C'est la Révolution qui a vraiment créé « la Nation » et les nationalismes. C'est elle qui a déchaîné les « guerres du Droit et de la Liberté », dont la trompeuse idéologie a, dès l'origine, recouvert tous les abus de la force et toutes les extorsions. Il est absolument inexact de reporter sur Napoléon la responsabilité d'un état de choses, dont le tragique a été senti, dès la Législative, par les plus grands hommes de la Révolution, opposés à la guerre, – qu'a déchaînée la Gironde. C'est une triste duperie de répéter le mot de Michelet sur « *les guerres d'amitié* ». Épouvantable amitié qui, dès la Convention, se traduisait par des proscriptions, une violation constante de tous les droits des individus et des peuples, et qui, sous le Directoire, étalait sans pudeur sa brutalité et sa rapacité ! Malheur aux petits peuples ! La Suisse en a su quelque chose. On a fait la guerre à Berne, pour vider les coffres de Berne et les expédier à Paris ; on soulève le canton de Vaud, au nom de la liberté ; après quoi on dissout sa « république lémanique », pour s'assurer la voie militaire du Simplon. « Le droit des peuples à disposer librement d'eux-mêmes », la Révolution l'a constamment foulé aux pieds, comme les monarchies anciennes ; elle a seulement ajouté au crime de la violence le crime du mensonge de la liberté, – auquel personne ne croyait plus, – bien avant l'avènement de Bonaparte au Consulat.

Le génial Michelet est un témoin suspect. Il parle de la Révolution, comme un croisé de la Vierge et des Saints. On doit le contrôler. Que de révélations nous apportent les « *Guerres de la Révolution* », par Chuquet, et les innombrables Mémoires ! (Lisez ceux de Barthélémy pour la Suisse, où il était ambassadeur sous la Convention et sous le

Directoire.) Et il n'est pas mauvais de connaître aussi les mémoires des Émigrés : car l'histoire officielle, en France, n'est vue que d'un seul côté.

Nous sommes, tous, les victimes, en France, de cette idéologie Révolutionnaire, et nous en avons porté la contagion dans toute l'Europe. Ainsi a pu se produire la quasi-unanimité des peuples dans la folie de 1914, où chacun a prétendu mourir et tuer pour d'« immortels principes », – et où, en fait, les plus bas intérêts et les plus atroces haines ont, chez toutes les nations, cherché à s'assouvir, sous le masque. – Il est dur d'avoir à réviser tous les dogmes auxquels on a cru ; mais il le faut, si l'on veut arracher à leur fascination destructrice notre civilisation qui périt. Combien de nobles principes qu'on jugeait indiscutables, se révèlent, à l'application, funestes et absurdes ! Ainsi, celui que j'ai salué moi-même : « Le droit des peuples à disposer librement d'eux. »… Sans doute ! Mais voyez dans les pays de la Baltique et des Balkans l'exercice de ce droit ! Chaque peuple (quelles sont ses limites dans l'espace et dans le temps ?) revendique le rétablissement de son empire, tel qu'il fut à l'heure la plus favorisée de son histoire, – où il débordait sur les autres. Et, par conséquent, chacun prétend à disposer des autres, qu'il nomme siens. C'est la guerre perpétuelle. Toute dissolution d'Empire engendre une poussière de petits Empires, avec des instincts de proie. N'est-il pas évident aujourd'hui que la « Déclaration des Droits » ne mène qu'à la mêlée furieuse entre les Droits opposés, – si le bon sens de l'avenir et la nécessité n'y ajoutent, comme complément indispensable, une Déclaration des Devoirs ? Et tout peuple n'a-t-il pas celui de sacrifier une partie de ses droits au bonheur de la communauté, européenne ou universelle ?

Je vois dans la Révolution Française un torrent de forces magnifiques, mais terriblement mêlées, et qui, dès le début, ont échappé à la direction de ceux qui les avaient lancées (ou qui ont cru les lancer). À l'heure actuelle, elles continuent à bouleverser le monde, sans que les meilleurs démocrates aient eu l'énergie de reprendre sur elles, à défaut de la direction même, le contrôle. C'est ce contrôle rigoureux que j'appelle. S'il ne se fait point, d'urgence, les démocraties d'Europe seront les premières victimes.

3
Ignavia est jacere…
(*Message à la Jeunesse Suisse des Universités.*)

Mes chers amis,

Vous insistez pour que je réponde à votre enquête. Je le fais, pour vous prouver ma sympathie, – bien que je sois pressé par mes tâches. Vous excuserez la hâte des réflexions que je jette en courant. Vous excuserez aussi la rudesse de mes expressions. Je suis homme et je parle à des hommes. Parlons franc, et ne mâchons pas les mots !

Vous m'ayez demandé quels sont les devoirs des jeunes hommes de Suisse envers leur nation et envers l'humanité. – Commençons par le commencement ! Permettez-moi de parler d'abord des premiers devoirs de tous : les devoirs envers soi-même !

Il semble qu'une fausse pudeur empêche de les envisager d'abord. Cependant, tout le reste en dépend. Car si le moi est vicié ou appauvri, à sa source, tout ce qu'il baigne, tout ce qu'il touche, tous ses actes seront marqués de ce vice originaire, ou de cette débilité.

Quels sont donc les devoirs des jeunes hommes envers eux-mêmes ?

Ils sont simples, ils sont clairs. Vos camarades qui, (vous le regrettez), ne s'intéressent à rien tant qu'au sport, n'ont qu'à s'inspirer des deux vertus impératives, qui sont l'honneur du sport. L'une est le courage ; et l'autre est la loyauté. Il s'agit d'être digne de son équipe, et digne du rôle qui vous y est désigné. Si vous manquez à l'une ou à l'autre, par faiblesse de cœur ou par incapacité, vous encourez le dédain, si ce n'est le mépris.

C'est juste.

Eh bien, ces deux devoirs cardinaux sont à la base de toute activité humaine. Selon la forme de cette activité, – (c'est-à-dire, selon la tâche de vie qui est assignée à chaque homme, et à chaque âge) – ces deux devoirs prennent des formes diverses, sans que leur essence en soit altérée.

Jeunes hommes des Universités, vous avez une tâche assignée, qui comporte une activité propre et privilégiée. Elle est, pendant vos années d'Écoles, d'exercer et d'armer votre esprit, pour le reste de la vie. Manquer à cette tâche serait une sottise, puisque le reste de votre vie en souffrirait. Ce serait aussi un lâche abus de vos privilèges. Jeunet bourgeois, qui avez les moyens et les loisirs de vous instruire, si vous n'en profitez point, laissez votre place à d'autres plus dignes de la remplir ! Ce serait un temps et un argent volés à des fils d'ouvriers et de paysans pauvres, qui sauraient mieux les employer.

Il y a une trentaine d'années, me promenant dans les rues de Zurich, avec Gabriele d'Annunzio, nous entrâmes chez un antiquaire, et, sur un vieux manuscrit, nous déchiffrâmes cette devise en latin :

« *Ignavia est jacere, dum possis surgere.* »

(Je la traduis librement : « C'est lâcheté de rester vautré, tant que tu peux te lever et marcher. »)

Jeunes hommes de la génération des sports, vous devez être les premiers à revendiquer la mâle énergie de ces mots. C'est la devise de tout homme, qui n'est pas un vil émasculé.

Chassez donc de vos rangs les « *tacentes* », les « *ignavos* », les porcs à l'engrais, – et voyons ensemble quel champ est ouvert à votre activité, et, dans les limites fixées, quelles sont les règles du jeu !

Le sport, ici, vous le rappelle. Ses deux vertus cardinales : Courage, Loyauté !

*
* *

Le courage, pour l'esprit, c'est de l'assouplir âprement, par un rude exercice, afin d'être digne de l'équipe, et d'y tenir son rang – c'est-à-dire d'apprendre et de comprendre, avec le plus d'exactitude et de clarté, le monde et les forces qui le peuplent : les idées et les faits, les expériences du passé, les expériences du présent, la science vivante. Le courage, pour l'esprit, c'est de ne pas reculer devant la peine de l'esprit.

La loyauté, pour l'esprit, c'est de ne pas reculer devant la vérité, de la vouloir, de la chercher à tout prix, de mépriser les demi-solutions commodes et complaisantes, le mensonge avilissant. Oser vouloir connaître, juger et décider par soi-même. Oser penser par soi-même. Oser être un homme.

Étudiants de la Suisse, vous serez jetés demain dans le torrent de l'action, qui emporte les peuples de l'Europe. Serez-vous prêts ? Il vous faut être équipés, de la tête aux pieds. Les muscles ne suffisent point, sur le ring des peuples d'aujourd'hui. Toutes les ressources de l'esprit et des sens ne sont pas de trop pour affronter la mêlée, où se joue votre sort, celui des vôtres et de votre postérité. Il vous faut non seulement être armés des résultats de la science, mais posséder une intelligence lucide et ferme qui sache voir et choisir dans le chaos des évènements. Comptez-vous vous en remettre paresseusement au hasard et au gré du petit nombre d'hommes, à qui vous abandonnez le monopole des affaires publiques ? Ainsi ont fait, en tous les pays, vos aînés. Le résultat, vous le voyez : le honteux gâchis de l'Europe, la ruine de la fortune publique dans tous les États, vaincus ou vainqueurs (faux vainqueurs, tous vaincus), la décadence du prestige Européen, le poids d'une dette énorme écrasant l'avenir, un inextricable nœud de discordes et de guerres dans l'œuf, qui achèveront à terme bref la destruction de l'Occident… Est-ce le moment de faire les indifférents ou les dilettantes ?

Je ne sais pas s'il est exact, comme on a voulu me le faire croire, que la jeunesse suisse se montre détachée des intérêts publics. Je ne veux pas le croire. Mais s'il en était ainsi, je vous avertis que vous feriez exception aujourd'hui en Europe ; et vous n'auriez pas lieu de vous en glorifier. La jeunesse française, la jeunesse allemande, la jeunesse italienne, la jeunesse russe soviétique, que je connais bien, (sans parler des autres), ne sont rien moins qu'indifférentes. Elles se passionnent ardemment pour des causes sociales, nationales ou religieuses. Le dilettantisme, l'indifférence ne sont plus à la mode. Si vous en restez encore là, vous êtes en retard, d'une dizaine d'années.

Ne vous imaginez pas que vous pouvez vous permettre ce luxe, parce que la Suisse jouit d'une situation privilégiée ! Cette situation privilégiée ne durera pas longtemps. Il est certain que le retour d'un conflit pareil à celui de 1914 entraînerait, cette fois, la Suisse – « *nolentem, volentem* » – dans l'ouragan. La neutralité a vécu.

Et moi, qui ai faussement été traité de neutre, parce que je me suis placé « au-dessus de la mêlée » des nations, – qui ne voit que j'ai plus combattu que quiconque, et que je n'ai fait que préférer à une mêlée une autre plus vaste et (à mon sens) plus féconde !

Que vous le vouliez ou non, vous serez donc arrachés à votre quiétude par le torrent débordé. C'est à vous de voir s'il vous plaît

100

de jouer le rôle passif de soliveaux, que le courant entraîne, – ou de barques solides et bien gouvernées. Pour ceux qui prétendent aimer l'action vigoureuse, le choix ne peut être douteux.

Bandez tous les ressorts de votre énergie : corps et esprit ! Et, profitant des loisirs privilégiés qui vous sont faits pendant ces années d'études et de paix, groupez-vous pour discuter ensemble du sens dans lequel votre action doit être dirigée.

*
* *

De vos décisions, je n'ai pas à préjuger. Il faut qu'elles soient l'expression libre et vraie de votre nature propre et de vos réflexions. Peu m'importe qu'elles soient conformes ou opposées à mes pensées ! Je ne vous apporte pas de réponse toute faite aux questions qui se posent aujourd'hui. Cette réponse, c'est vous, vous seuls, qui devez vous la donner. Mais je dois vous mettre en face de quelques-unes des grandes questions posées.

La plus impérieuse, celle que chaque peuple du monde trouve aujourd'hui sur son chemin, comme une question du Sphinx, qu'il faut résoudre, (ou il faut succomber), – c'est celle de l'équilibre à établir entre les forces de tradition et les forces de renouvellement, – entre la nation et la super-nation. Entendez-moi bien ! Il ne s'agit plus maintenant d'une dispute de rhétorique entre deux idéaux intellectuels. Ce sont des idées-forces, des idées-intérêts, qui se heurtent rudement, et qui, si elles ne réussissent à s'harmoniser au plus tôt, se détruiront mutuellement, et nous tous avec elles.

De même que l'individu le plus indépendant ne peut en fait s'isoler, dans l'action, du groupe auquel il est, non de par son choix, mais de par son destin, bon gré, mal gré, agrégé, – les nations d'aujourd'hui, même les plus orgueilleuses, les plus sûres de leur force, sont interdépendantes, matériellement et moralement ; nulle économie nationale n'est viable, scindée de l'ensemble de l'organisme, qui n'est plus aujourd'hui Européen, mais mondial. Ce sont ces rapports d'interdépendance qu'il vous faut étudier. Il y a là un équilibre nouveau qui s'essaie : il ne s'établira point, sans une quantité d'expériences, dont quelques-unes seront probablement catastrophales. (De même

101

qu'aux temps de l'*Ars nova*, de l'architecture gothique, plus d'une voûte s'écroula, avant qu'on arrivât à la juste balance des poussées opposées.) Mais puisque la vie du monde, au point de l'évolution où elle est arrivée, ne peut plus se passer de cet équilibre, nous devons tous appliquer à sa recherche le meilleur de notre énergie.

Vous, Suisses, vous avez, dans cette recherche, une situation propre et favorisée. Votre organisme politique est déjà un premier essai, précoce et hardi, de cet équilibre social. Vous êtes une nation faite des sacrifices mutuels et de l'harmonie consentie de plusieurs nations. Vous devriez donc avoir, vis-à-vis du grand problème d'aujourd'hui, un rôle de premier plan, – celui d'avant-coureurs et de guides exercés.

Il est regrettable qu'il n'en soit pas ainsi. Vous assistez à cette prodigieuse expérience, sans y prendre part vous-mêmes, activement. C'est chez vous que fait ses premiers pas la Société des Nations, – cette organisation officielle, que je suis loin de surestimer, car elle représente les Intérêts des gouvernements, (et non pas même de tous, mais de quelques puissantes constellations politiques), nullement ceux des peuples, parce que les peuples, comme vous, passifs, abdiquent aux mains de leurs hommes d'affaires. – Mais enfin, si imparfaite qu'elle soit, et si entachée de compromis d'affaires et de *combinazioni*, cette Société des Nations est un essai mémorable de ces formes nouvelles, qui s'imposent à tous les États, même à ceux qui y sont, secrètement, hostiles. (Il en est, dans le Conseil même de la Société des Nations). – La Suisse a le grand honneur d'avoir été choisie pour siège de cette expérience. Mais n'en est-elle pas seulement le Palace-Hôtel ? Et s'il en est ainsi, n'est-ce pas votre faute, jeunes hommes qui vous en désintéressez ? Tandis que vous jouez sur le stade, vous ne voyez pas que le monde entier est un Immense stade, et que, si vous n'y avisez point, vous serez, dans le match, non les joueurs, mais la balle !

Je m'en tiens à ces avertissements, pour aujourd'hui. Acceptez-les, comme je vous les offre, fraternellement ! S'ils ne sont pas « confortables », tant mieux ! Je suis un semeur d'inquiétude. L'inquiétude, éveilleuse d'énergie. L'inquiétude, qui tue le lâche sommeil vautré...

« *Ignavia est jacere...* »

4
Le devoir des intellectuels contre la guerre

Dans une société harmonieusement développée, le terme d'*intellectuel* ne devrait pas désigner une classe à part ; et tous les hommes seraient tenus de participer aux responsabilités qu'il implique. Mais puisque dans l'organisme social d'aujourd'hui, incomplet et malsain, de telles spécialisations sont rendues nécessaires, il nous faut envisager les intellectuels comme une corporation de travail.

Cette corporation a, d'abord, à satisfaire à ses devoirs de métier. Je demande au cordonnier qu'il sache bien faire des chaussures et qu'il apporte à son ouvrage toute sa conscience professionnelle. Cette conscience professionnelle et cette compétence, nous l'exigeons des Intellectuels, comme des autres corps de métier.

Le métier d'intellectuel a pour première loi l'exercice laborieux et scrupuleux de l'intelligence, – la recherche loyale et vaillante de la vérité, – l'expression libre et sincère de la pensée.

Toute subordination de ce devoir essentiel à un but intéressé est une dégradation. Tout abandon de ce droit à une autorité extérieure et à des considérations de l'ordre temporel est une trahison.

Aucun État ne peut, sans abus criminel, s'arroger la mainmise sur l'intelligence, pour la faire servir à ses fins. Et l'intelligence qui y consent se renie.

En présence de la guerre, le premier devoir des Intellectuels, vraiment dignes de ce nom, est donc de maintenir l'indépendance entière de leur jugement et leur libre vision. Car leur rôle essentiel est de porter la lumière. Et nul autre ne peut, en cela, les remplacer. S'ils la laissent éteindre – s'ils se laissent éteindre – c'est la mêlée dans la nuit. La guerre aveugle de 1914-1919 l'a trop montré : vainqueurs et vaincus, après avoir soufflé la lanterne de leur élite, se sont si bien perdus dans les charniers qu'à l'heure présente ils se retrouvent tous enlisés dans une fondrière sanglante, d'où ils ne voient plus les moyens de sortir.

Les intellectuels d'Europe ont abdiqué, pendant la guerre. La plupart ont cru sans doute qu'ils agissaient ainsi dans l'intérêt du pays, et ils s'en sont glorifiés. En réalité, se trahissant eux-mêmes, ils ont trahi le pays. Ils devaient être les vigies qui, les oreilles fermées aux

103

cris de l'équipage, ont le regard sur le large. Ils ont quitté leur poste, pour se mêler aux autres furieux : le navire, sans yeux, a été livré aux éléments.

On pensait qu'une telle expérience ne serait point perdue pour eux et pour les gouvernements. – Elle l'est. La loi militaire que quelques socialistes français viennent de faire passer à la Chambre, avec une hâte fébrile, sans même avoir demandé l'autorisation de leur parti, prétend mobiliser toute l'intelligence de la nation, au service de l'État. Si l'intelligence française consentait à cet asservissement, ce ne serait pas seulement son arrêt de déchéance définitive qu'elle signerait, ce serait la ruine de la nation. Car une intelligence domestiquée, mise à la chaîne, même (surtout) avec un collier de luxe et une grasse pâtée, n'est plus qu'un chien de basse-cour. Elle peut encore garder la porte de son maître, elle n'est plus capable de le guider dans les explorations de l'avenir. Son flair ne va plus au-delà des murs de la ferme. Elle ne sait plus guetter les vastes et lointains horizons. Or, jamais les nations n'ont eu, plus qu'aujourd'hui, besoin de grands veilleurs qui les renseignent sur les rythmes précipités de la terre entière. Si, par les yeux de leurs intellectuels, elles ne voient venir les ouragans, – ceux qui détruisent, ceux qui renouvellent, – toutes leurs moissons seront ruinées, en herbe et au grenier. Elles ne sauraient se passer, un jour, de vérité. Et point de vérité possible, sans l'indépendance de l'esprit ! Qui la limite, en s'efforçant de l'exploiter pour un profit politique, la fausse pour toujours j'ose dire que moins meurtrier pour la pensée est un Mussolini, qui persécute les penseurs libres, qu'à son insu le socialiste de gouvernement à la façon de Paul-Boncour, qui prétend composer avec eux. Car la persécution ne fait tort qu'aux hommes. La compromission tue la pensée : si celle-ci se laisse acheter, elle est viciée... Article de rebut !... Qui a menti, mentira. On ne triche pas avec la vérité.

Que l'État n'ose point toucher à la liberté de l'esprit ! L'esprit a reçu un droit de nature à l'imprescriptible exterritorialité. À l'esprit seul,

104

de juger l'esprit, de se contrôler, de se réviser et, s'il y a lieu, de se condamner !

*
* *

Ceci, c'est la condition première : la liberté. Si elle manque, tout manque, il n'est plus d'intellectuels. N'en parlons plus ! Ils sont réduits aux rôles de scribes de bureau, qui recopient des circulaires. Des employés de ministères.

Mais s'ils ont encore les reins assez forts pour ne pas se résigner à cet emploi de petits fonctionnaires, s'ils maintiennent leur dignité, qui est la condition de leur existence, c'est à eux de déterminer leur devoir actuel, par un impartial examen. Nous ne pouvons nous permettre de l'exprimer, en leur nom. Nul n'a le droit, isolément, de se substituer à tous les autres. Il ne peut qu'apporter dans la consultation générale son expérience particulière. En deux mots, voici la mienne :

L'Europe meurt. Elle se détruit. Elle est déjà plus qu'à moitié ruinée. Plus qu'à moitié, son prestige, ses énergies, ses richesses, ont été brûlés depuis treize ans. Et les désastreux traités de 1919 ont enfoncé dans sa chair blessée des échardes empoisonnées. La rescapée porte en elle des principes permanents de destruction. Il est évident à tout esprit libre que la dislocation politique de l'Europe, qui a été l'œuvre extravagante de politiciens ignares ou aveuglés, est destinée à des éboulements. Des explosions dans la mine secouent déjà, par intermittences, la terre convulsée. Il serait du simple bon sens de réunir d'urgence un nouveau congrès des nations, qui révisât les fondations de la maison d'Europe et la fragilité des constructions. C'eût été le rôle d'une vraie *Société des Nations*. N'y comptons plus ! *La Société des Nations* a, elle aussi, vendu son droit d'aînesse, pour une potée d'émoluments. Elle a trahi son avenir en se faisant, dès les premiers pas, la domestique de deux ou trois grands patrons, qui la nourrissent, en l'asservissant. Le rôle de sauveur qu'elle a perdu doit être l'office des intelligences non enrôlées, vraiment libres, vraiment claires, vraiment soucieuses du bien public. Seront-elles capables de s'associer ?...

Je voudrais, surtout à l'heure présente, que la gent intellectuelle, prenant conscience des dangers et des devoirs communs, prît

105

l'initiative d'une « *mobilisation de la paix* », qui s'opposât aux mobilisations hallucinées de la guerre, auxquelles se livrent fiévreusement tous les gouvernements. Qu'entre intellectuels de tous pays se multiplient les rapprochements, qu'ils s'organisent en des Centrales de consultation européenne – voire mondiale : car aujourd'hui, l'humanité entière est en jeu, et tous les peuples sont les membres d'un même corps... « *Membra sumus corporis magni.* » Aucune des parties ne peut faire ou suivre son destin séparément du tout. Réalisons donc notre unité ! Que s'instituent régulièrement, périodiquement, de grandes Assises de la pensée libre, où se discutent en commun les intérêts communs, pour le salut de la civilisation du monde. Et qu'un bureau permanent assure la continuité du travail et la transmission des décisions !

Il n'est pas à craindre qu'une telle organisation indépendante fasse double emploi avec les fondations intéressées des États existants, comme cet *Institut International de Coopération Intellectuelle*, placé sous la tutelle des grands patrons, qui tirent les ficelles de la *Société des Nations* ! Il ne lui est loisible de se livrer qu'à des jeux académiques, qui ne gênent personne, qui ne servent à rien – qu'à satisfaire la vanité des hauts parleurs et aux intérêts professionnels. L'intelligence a mieux à faire, si elle a souci des menaces actuelles qui pèsent sur le monde, et de ses propres responsabilités. Il faut parler. Il faut agir. Nul esprit libre qui veut agir n'a sa place que dans une organisation libre de tout État, de toute Église. (Les deux noms, aujourd'hui, sont synonymes.)...

106

5
La jeunesse et la révolution

« *Vox Studentium* » pose le problème des devoirs de la jeunesse intelligente et réfléchie, en face de la Révolution ; et elle me demande mon opinion.

Il me paraît nécessaire de définir d'abord ce qu'on entend par *Révolution*. Est-ce un état d'exception, particulier à notre temps ? Je ne le pense pas.

Toute organisation sociale est instable et provisoire. Aucune association d'hommes ne peut subsister sans un certain contrat tacite, – qu'il ait été, au début, obtenu par le consentement ou par la force. Ce contrat suppose entre les tempéraments et les intérêts différents des hommes associés des concessions mutuelles, un compromis accepté, une moyenne approximative entre les besoins et les aspirations des uns et des autres. C'est un équilibre fragile. Aucune société ne demeurant immobile, car le mouvement est le gage même de la vie, les proportions et. Mies entre les éléments harmonisés ne tardent pas à se modifier, et l'équilibre est rompu. Bientôt, les intérêts et les idées ne s'accordent plus avec le contrat consenti. Il serait donc de simple bon sens de réviser périodiquement le contrat, pour l'adapter aux besoins nouveaux. Mais celles des parties engagées que la rupture d'équilibre favorise, répugnent à le rétablir et tendent à accroître encore leurs privilèges. D'autre part, le progrès des idées n'est pas également réparti, et le plus souvent, il s'opère en sens Inverse du progrès des intérêts. Je veux dire que ceux que l'ancien ordre de choses avantage, ferment obstinément les yeux sur le nouveau monde social, que sont les premiers à découvrir ceux qui souffrent des choses du passé. Ainsi se creuse un fossé de plus en plus profond entre les associés ; et le résultat est la Révolution. Le *novus ordo* se dégage, par la force, du passé pourrissant, qui lui refuse les droits à exister.

C'est un phénomène organique normal, qui est de tous les temps. L'histoire de la société et sa marche éternelle peuvent toujours se ramener à ces étapes successives : contrat d'association ; évolution ; opposition à l'évolution ; révolution ; nouveau contrat d'association, etc. La Révolution est donc le retour périodique d'une crise d'âge social, pareille à celle de la puberté.

Mais il est vrai que jamais, depuis des siècles, cette crise de croissance n'a été plus violente, plus profonde, plus décisive que depuis un quart de siècle (et les trois quarts de siècle précédents l'annonçaient). La grande guerre a mis à nu le malaise social, dont non seulement un peuple, non seulement l'Europe, mais le monde entier est rongé. Il a été rendu plus sensible par la formidable accélération du rythme d'évolution humaine, due aux progrès fabuleux (on pourrait dire : monstrueux) de la technique scientifique, à leur répercussion sur tout l'organisme humain, sur son économie sociale et sur son esprit même, enfiévré par ce délire de la vitesse. Il s'y est joint les effets de l'interpénétration, qui en résulte, de toutes les parties de la terre, de leur solidarité forcée dans la richesse et la misère, dans les courants entrecroisés de la paix et de la guerre, dans les épidémies du corps et de l'esprit : (car un des phénomènes les plus frappants d'aujourd'hui est la propagation foudroyante des grandes contagions mentales, des vagues de Consentement collectif, – qu'elles se nomment nationalisme, internationalisme, fascisme, ou bolchevisme). Surtout, notre temps a vu s'accomplir, selon les lois inéluctables qu'il y a près d'un siècle le regard prophétique de Marx avait dégagées, la conquête rapide de toute la terre par la toute-puissance nouvelle qui a supplanté celles du passé : le Capital et (tous les intermédiaires étant supprimés) le brutal corps-à-corps qui le lie, en l'opposant, au monde du Travail.

Il est fatal, il est salutaire, que contre de tels assauts, l'organisme de l'humanité réagisse violemment. La nature se venge. Elle cherche à se sauver par elle-même, au moyen de ces redoutables crises, qui ont nom : Révolutions. Le patient peut en mourir. Mais quand une sage hygiène n'est pas intervenue, au moment juste, le moyen désespéré est la seule chance de réchapper : il est le devoir. Ou la Révolution, ou la mort.

C'est ainsi que je considère – même en dehors de toute politique – la loi de ces grands mouvements chroniques. À toutes les heures du développement humain, ils sont latents, – et même aux périodes d'ordre établi, au sein desquelles ils couvent, comme un ferment du progrès à venir. « *Oui*, comme disait Schopenhauer, (et j'ai souvent rappelé cette grande parole), *si la vie n'est pas un contresens et une déchéance, la Révolution est tout, elle enveloppe tout, et elle devient une grande métaphysique.* »

Quelle doit donc être, à son égard, la position de la jeunesse ?
Bernard Shaw a dit, un jour :

« *Tout homme de moins de trente ans, qui, ayant connaissance de l'ordre social, n'est pas révolutionnaire, est un* minus habens. »

Il y a là, comme toujours sous l'outrance humoristique des aphorismes de Shaw, une part de robuste bon sens. Cela revient à dire que la jeunesse, qui est plus près des sources de la vie et de leur jaillissement, réagit naturellement contre l'obstacle, contre le passé mort, qui barre le chemin. Si elle ne le fait point, c'est que la vie lui manque : elle est mort-née. Toute jeunesse, simplement saine et bien constituée, sera naturellement révolutionnaire – au sens vital et nécessaire que je viens de donner de la Révolution. Elle est appelée – c'est sa mission – à sentir, comprendre, épouser le malaise et la révolte de l'ordre social. Et c'est à elle d'y remédier.

La jeunesse a sur l'âge mûr un grand avantage : elle n'est pas encore installée dans une vision de la société, définitive, *ne varietur* ; sa vision, comme elle-même, est encore en formation. Elle est donc capable d'observer le conflit éternel, non certes sans passion (elle en a plus que quiconque), mais sans ces durs préjugés, que l'on ne se donne même plus la peine de discuter. À partir d'un certain âge, – d'un point de gel ou de cristallisation, – l'homme (à de rares et brûlantes exceptions) est pris, comme un vaisseau dans les glaces polaires, par la situation qu'il s'est acquise et par la construction même d'esprit qu'il s'est tant bien que mal installée ; il est enfermé dans sa prison ; toute son énergie pour comprendre et pour agir est orientée dans la seule ligne et à l'intérieur des limites qu'il s'est fixées. Il est donc mauvais juge dans le procès social, puisqu'il y est aussi partie. Le jeune homme a, davantage, les moyens d'observer. Nouveau venu dans l'ordre actuel, il lui est plus facile d'en reconnaître les abus et les déficiences. Ajoutons qu'aujourd'hui, il en souffre directement par le fait de la grande crise économique, qui atteint cruellement la classe intellectuelle, autant et plus que la classe ouvrière. Chaque nouvelle génération – et celle d'aujourd'hui plus que toute autre – peut et doit rendre à la génération précédente un service signalé, en dénonçant les vices d'une organisation, à laquelle les plus âgés sont habitués ou résignés, mais qui, si l'on n'y remédiait énergiquement, mènerait au suicide l'ensemble de la société. C'est pourquoi il serait important que le gouvernement d'une société ne fût pas l'apanage d'une génération, mais que la jeunesse et l'âge mûr y fussent équitablement associés. Il fut un temps où la jeunesse domina : telle, la Révolution française. D'où l'énergie passionnée qui s'y est consumée, la fougue inouïe de ses initiatives, et ses excès destructeurs. Il est d'autres époques, où la plénitude des pouvoirs est captée par une gérontocratie : telle, l'Europe en 1914. Une expérience gouvernementale indéniable y est largement compensée par l'esprit de routine, l'entêtement conservateur, l'incompréhension totale des besoins nouveaux. Et la conséquence fatale en est ces explosions révolutionnaires ou contre-révolutionnaires, auxquelles nous assistons.

Je réclame pour la jeunesse intelligente et réfléchie de toutes les classes sa part dans le gouvernement, – et d'abord, dans la formation de l'opinion, qui est devenue le pivot des gouvernements modernes. Qu'elle assume hardiment ses responsabilités ! Son premier devoir est de se faire, en face du passé, l'ambassadeur de l'avenir. Qu'elle en comprenne, qu'elle en exprime les aspirations et les revendications ! Même si elle n'en épouse point les partis extrêmes, c'est à elle d'en élucider le sens et la raison : car rien n'est sans raison ; les excès mêmes sont produits par des erreurs de direction : il est donc urgent de déterminer précisément ces erreurs, et de démêler dans le chaos de l'esprit révolté qui sape les murs de la cité le fort et le faible, les justes droits et les abus aveugles. C'est l'unique moyen pour éviter les irrémédiables destructions, qui résultent du malentendu social. La jeunesse est bien placée pour voir et décréter les modifications pressantes, les sacrifices nécessaires qui peuvent fonder un nouvel ordre durable. Elle a assez de courage et de vitalité, pour en donner l'exemple sans stériles regrets pour ce qu'il lui faut sacrifier de ses propres privilèges aux exigences de la vie nouvelle. Qu'elle ne manque pas à cet esprit d'initiative intrépide et de générosité ! Qu'elle ne se désintéresse point de son poste de direction ! Qu'elle ne commette point la faute criminelle de tant d'intellectuels d'aujourd'hui qui désertent et qui s'abritent de l'action dans un lâche « esthéticisme », vaniteux et paresseux ! Ce serait son propre arrêt de mort que signerait la jeunesse des Écoles et des Universités. Et ce serait, du même coup, la ruine de toute la société, que cette trahison livre aux forces aveugles, à l'heure du danger.

J'ajoute ici de brèves considérations sur quelques graves antinomies du présent, dont la jeunesse a le devoir d'atténuer, dans la mesure du possible, la mortelle menace.

De quelque point de vue qu'on l'envisage – matériel ou moral – le monde présent offre le spectacle d'antagonismes violents entre d'énormes forces opposées : duels des races et des classes, du Capital et du Travail, duels des Idées-Forces qui sont devenues les dieux des hommes d'aujourd'hui : Patrie et Humanité, Nationalisme et Internationalisme, ces frères ennemis qui coexistent au sein de chaque peuple dans l'Europe nouvelle. Une désharmonie universelle tient à l'inégalité de croissance des groupes humains, et à l'association ou à la mise en contact, peut-être prématurée, de tous ces éléments divers, qui risquent de produire des mélanges détonants. Le tragique de la situation est qu'elle est actuellement gouvernée par deux principes contradictoires, qu'il faut savoir reconnaître ensemble :

1° L'humanité entière est un organisme – ou l'est devenu.

2° Toutes les parties de cet organisme ne sont pas au même degré d'évolution : les uns, plus avancés ; les autres, moins. Ainsi, elles souffrent fatalement de leur fatale interdépendance. Ce qui convient à l'une peut nuire à l'autre, – et ainsi, nuit, par répercussion, au corps entier. La différence qui existe dans le développement des divers groupes humains est une différence de stades, beaucoup plus que de races. Chaque partie de l'organisme réclame un traitement spécial, qui doit cependant tenir compte des conditions générales.

Il y a là un immense travail d'enquête, d'éducation, et, pourrait-on dire, de thérapeutique sociale, à réaliser, pour répondre aux besoins tumultueux de ce grand corps en croissance, et pour préparer l'harmonie future des dissonances passagères d'esprit et d'intérêts, qui sont en lui le travail douloureux, mais fécond, de la sève. Sur ce champ de travail, comme sur tant d'autres, les grands administrateurs de l'U.R.S.S. ont donné d'éclatants exemples. Dans leur vaste domaine de 160 millions d'êtres, qui comprend des races, des peuples, des variétés et des degrés de l'humanité si différents, ils ont su non seulement autoriser, mais stimuler le développement national de chaque République, dans le cadre socialiste international.

La jeunesse du monde doit s'inspirer de ces grandes expériences, dans son effort pour établir la coopération organisée de tous les travailleurs du monde, – qui est le plus haut but fixé à l'action humaine. À ce travail patient, loyal et héroïque, nous la convions. Nous faisons appel à ses torrents inemployés de force, de foi et de dévouement.

6
Du rôle de l'écrivain dans
la société d'aujourd'hui

Le premier point à établir, quand on parle du rôle de l'écrivain, c'est de déterminer les conditions actuelles, où il doit vivre, agir et créer. Car il est trop facile et parfaitement vain de discuter, comme les intellectuels ont toujours penchant à le faire, sur je ne sais quel artiste abstrait, dans des conditions abstraites, – sur l'art en soi, sa dignité et ses devoirs. Ce byzantinisme de l'Esprit, auquel nous avons tous sacrifié, – moi comme les autres, – est aujourd'hui aussi déplacé, aussi inadapté aux réalités, que les discussions sur le sexe des anges, pendant le siège de Byzance.

Byzance est de nouveau assiégée. La civilisation entière, l'humanité, est en état de mutation violente, – en état de guerre. La vraie question qui nous est posée est donc celle-ci :

« *Du rôle de l'artiste dans une société en état de guerre.* »

Vous me permettrez de la traiter spécialement, de mon point de vue d'écrivain, – puisque écrire est mon métier.

*
* *

Notre destin nous a fait naître, au cœur d'un grand combat. Il ne nous est pas permis de nous isoler du combat.

Et ici déjà s'opère parmi nous un premier classement. Le plus grand nombre des artistes se retirent, précisément, du combat. Ils en font même une loi de l'esprit orgueilleux, une mission de l'art (de qui reçue ?) qui leur confère le privilège de faire retraite. Les bonnes raisons ne leur manquent pas. Nul ne conteste non seulement le droit, mais le devoir pour tout vrai artiste de se concentrer dans son domaine intérieur (et j'y reviendrai tout à l'heure, à propos des écrivains soviétiques). Mais ce dont il s'agit, c'est de ne pas s'y installer à demeure, pour n'en plus sortir, égoïstement verrouillé à l'abri : on doit y puiser des énergies nouvelles, pour rentrer ensuite dans l'action. Or, c'est là ce que l'immense majorité des artistes d'aujourd'hui, en Occident, cherchent, par tous les moyens, sous tous les prétextes, à éviter. L'indépendance de l'esprit, l'esthétisme, la dignité de l'écrivain, l'art éternel, l'art en soi, tous les hochets de la servitude qui coquette avec ses chaînes ont beau jeu. En fait, les neuf dixièmes des artistes ont peur. Peur de l'action, peur de la Révolution, peur des transformations qu'ils voient venir. Car ils les voient, mieux que quiconque. Ainsi que je l'ai écrit, dans un Essai sur « *Lénine : l'art et l'action* », « *les artistes, en qui résonnent plus intensément que chez les autres hommes les vibrations des évènements, comme épuisés par l'état de transe où ils les reçoivent, se dérobent à leurs conséquences et passent, neuf fois sur dix, à la réaction. Ils ont vu le fossé, le gouffre, qu'il faut sauter. Mais de cette vue ils ont le vertige, et leurs jarrets sont coupés. Pour rétablir leur fragile équilibre ébranlé, ils se replient en arrière, en dehors du flot qui emporte l'époque, dans l'ordre bourgeois qui les rassure contre ce qu'ils ont vu et ne veulent pas voir* ». Et comme, en secret, ils ne sont pas fiers de cette marche à reculons, ils se revanchent de leur coup de queue d'écrevisse, en affichant dans l'esthétisme un révolutionarisme de l'esprit, qui ne risque point d'inquiéter l'ordre social, mais qui leur rend leur assurance dans leur primauté de caste, et qui replâtre la façade de leur prestige lézardé.

Laissons-les repeindre leur bâtiment, et occupons-nous de ceux, parmi les artistes, qui entendent rester en communion permanente avec l'action.

J'entends souvent certains des nôtres, des meilleurs écrivains dévoués à la cause de la Révolution sociale, déplorer le peu de pénétration de leur art dans les masses populaires, et en accuser l'insuffisante préparation du peuple. Je pense que c'est eux-mêmes qu'ils doivent accuser. Le premier devoir de ceux qui prétendent au titre de compagnons de route du prolétariat, est de parler un langage qui soit accessible à leurs compagnons. Je me méfie de l'écrivain qui ne peut être lu que de quelques-uns. Quand j'étais jeune, j'ai fait mon profit de cette boutade du vieux Tolstoï :

« Cela ne m'intéresse point d'écrire pour moins de cent mille lecteurs ! »

Au cours de mes expériences, assez brèves, mais frappantes, dans l'enseignement primaire (Écoles municipales de Paris), parmi une population de gamins turbulents, difficiles à discipliner, j'ai fait l'épreuve de l'emprise qu'avait sur eux la lecture des *Misérables*, de

Hugo. La classe entière béait, dans un recueillement passionné, où l'on sentait frémir tous ces jeunes cœurs. Dans mes contacts avec les Universités populaires et les groupements d'éducation ouvriers, j'ai reconnu la même immédiateté de communion spirituelle avec Balzac, avec Zola, avec Dickens, avec des pages d'Alphonse Daudet, avec les grandes nouvelles de Tolstoï, (à la gêne près de quelques noms et termes étrangers, qu'il était facile de rendre familiers). Et la distance de trois siècles n'empêche pas Molière d'agir aussi directement sur les grands publics populaires qu'il agissait sur les bourgeois et les marquis du « grand siècle ».

Si la distance s'est faite plus grande entre le peuple et les confrères de Proust et de Valéry, n'en concluez pas que c'est le peuple qui s'est éloigné ! C'est vous, messieurs de l'élite et si fiers de vous y compter. Rapprochez-vous, si vous voulez qu'on vous entende ! Vous aurez toujours la ressource, à vos heures d'«*Uebermenschheit*», d'écrire pour ce petit cercle de « délicats », comme dit M. Thibaudet, pour ce « Salon bleu » d'aristocrates, à l'armorial de qui voir votre nom inscrit est le suprême honneur qui chatouille votre cœur de fils et frères « honteux » du peuple. Il y a temps pour tout. Mais quand vous voulez être entendus de tous, parlez pour tous, ne parlez point pour l'armorial ! Et n'ayez point peur que votre art coure risque de « se vulgariser », en se faisant accessible à tous ! Si vous maniiez le style de Voltaire, soyez-en sûrs, l'art n'y perdrait rien, et rien n'en serait perdu à aucun : le monde entier vous entendrait.

Ceci ne vaut point seulement pour l'expression de votre pensée, mais pour la pensée même, pour sa substance, pour les sujets choisis, où elle s'incarne. Et ce que nous disons des écrivains trouvera aussi son application aux autres arts. Si tout artiste de valeur est nécessairement un découvreur de terres nouvelles – esprit et forme – il saura bien, si la découverte en vaut la peine, entraîner les autres dans sa caravelle. Il ne les laissera pas sur l'autre rive. Mozart, dont le génie se retrouve aujourd'hui à la mode, a su très bien être de son temps et du nôtre. Dans tout grand art, il y a à manger pour toutes les faims. Pour celles d'aujourd'hui, pour celles de demain. Mais les génies le plus en avance sur leur temps ne perdent jamais contact avec lui. J.S. Bach, dont deux siècles n'ont pas fini d'inventorier les découvertes, écrivait quotidiennement pour les besoins dominicaux de sa paroisse.

S'il devait bien savoir, comme ceux dont l'enjambée laisse loin derrière eux leurs compagnons, qu'une partie de ses domaines et les trésors qui y étaient enfouis ne seraient mis en valeur que beaucoup plus tard, il n'en restait pas moins un serviteur assidu de la communauté, il remplissait ses greniers. Le Dieu, au nom de qui il écrivait ses grands chorals, ses Passions et ses Cantates, était le Dieu de la « *Gemeinde* ». Pauvre est l'artiste qui ne porte point en soi sa « *Gemeinde* » !

Quand nous créons une œuvre d'art, – drame ou roman, – c'est quelque chose, de nous rendre maîtres de l'étoffe et de pénétrer jusqu'aux entrailles les personnages que nous créons ! Ce n'est pas tout. Il faut y faire entrer aussi la griffe de la tribu humaine qui nous fait corps, qui nous entoure, nous et notre proie. Si nous sommes ce que nous prétendons être, – poètes, peintres, sculpteurs, architectes, musiciens, – une avant-garde de l'esprit, des mains, des yeux, et des oreilles de la tribu, ce n'est pas pour nous seuls, c'est pour la tribu tout entière que nous prenons la proie. Faites donc que tous en puissent avoir leur part ! Empoignez-la, avec les milliers de mains de tous ! Soyez chacun de ceux qui, par vous, voient, entendent, comprennent et prennent ! Faites-vous chacun et tous !... Vous n'en perdrez point votre précieux moi. Il en sera plus robuste et plus plein. Il enceindra en lui des peuples, et il entraînera, à sa suite, des armées.

Pour que se fasse, ou se refasse, cette cohésion indispensable de l'écrivain et des masses, qui fit la force des grandes heures de l'art, comme celles, trop brèves, de la tragédie grecque et du théâtre Elizabéthain, – c'est à l'écrivain (c'est à l'artiste) de faire les premiers pas. Mais le peuple aussi doit venir au-devant. Et il y a là tout un travail social, au préalable, à accomplir.

Au temps où je m'évertuais à fonder en France un Théâtre du Peuple, prématuré, – il y a de cela plus d'une trentaine d'années, – j'arrivais à cette conclusion que, pour avoir un art du peuple, il faut *commencer par avoir un peuple, un peuple qui ait l'esprit assez libre pour en fouir, un peuple qui ait des loisirs, que n'écrasent pas la misère, le travail sans répit, un peuple que n'abrutissent pas toutes les*

superstitions, les fanatismes, un peuple maître de soi et vainqueur du combat qui se livre aujourd'hui. Faust l'a dit :
« Au commencement est l'Action. »

Ceci était écrit et publié, deux ans avant la Révolution de 1905 Je le redis encore aujourd'hui à l'Occident. À l'Orient d'Europe, à l'U.R.S.S., c'est inutile. L'U.R.S.S. a fait son peuple. Elle a fait l'Action. Mais puisque cette Action est une condition nécessaire à la délivrance de notre peuple et à la naissance d'un art issu de lui, par lui, pour lui, la conséquence inéluctable est que nous, artistes, nous sommes tenus de prendre part à cette Action. Nous le devons, par toutes les armes dont nous disposons, et – la première – par notre arme propre : notre plume, notre pinceau, notre ciseau. Il faut que notre œuvre, plantée en plein terreau de l'action présente, soit nourrie des puissances d'âme du présent, de ses passions, de ses combats, de ses élans.

Est-ce à dire qu'elle doive y être asservie ? Pas davantage qu'un Shakespeare ne s'asservissait aux démons de l'âme qu'il déchaînait dans son théâtre. Mais en se les incorporant, il les maîtrisait, il les clarifiait, il dégageait leurs lois et déblayait les chemins par où l'esprit devait passer. Car c'est le privilège de l'artiste – ou ce doit l'être – de voir plus loin, de vivre plus à fond ce que les autres vivent et voient. C'est par là même qu'ils sont appelés à constituer un état-major de l'armée, ou, comme Staline l'a formulé, un corps d'élite, « les ingénieurs des âmes ». Mais qu'ils gagnent leurs galons, dans le rang ! Ce n'est pas en se scindant du peuple en marche que l'on a droit au titre d'élite. L'élite est ceux qui marchent en tête de la colonne, face au feu.

Ils le savent bien, nos camarades les écrivains soviétiques ! Ils auraient plutôt tendance à sous-estimer, au profit de la participation sans réserve à l'action commune, la concentration de la vie intérieure, qui est l'autre moitié de l'art intégral. Et j'ai eu l'occasion de revendiquer auprès d'eux les droits de celle-ci, comme je rappelle aux écrivains d'Occident les devoirs de celle-là.

Il ne sera peut-être pas superflu que je reproduise ici quelques extraits d'une adresse que j'ai envoyée, en août 1934, par l'intermédiaire de Bela Illès, aux Écrivains révolutionnaires de l'U.R.S.S., à l'occasion de leur Congrès international de l'an dernier.

117

Le jugement, que j'y exprime sommairement de la jeune littérature soviétique, forme un complément utile à celui qu'on peut porter sur la littérature d'Occident. Nous n'avons pas moins à apprendre de l'exemple de nos collègues de l'U.R.S.S. qu'ils n'ont à apprendre du nôtre :

Par leurs grandes lignes, les meilleures des œuvres soviétiques nouvelles (comme celles de Cholokhov) se rattachent à la grande tradition réaliste de l'âge précédent, qui semble l'essence de l'art russe et qu'a immortalisée l'art de Tolstoï. Mêmes amples tableaux de groupes humains, dans la nature qui les enveloppe, même objectivité du regard, qui reflète sans l'altérer tout le large champ de sa vision : même effacement de l'artiste derrière l'objet de son art, au lieu qu'en Occident l'art est trop souvent un fard qui recouvre le visage de la réalité.

Mais les caractéristiques de la grande littérature russe de tous les temps, la jeune littérature soviétique les renouvelle, non seulement par l'objet différent qu'elle étudie, – ce monde nouveau qui s'édifie dans les combats – mais par la foi qui l'anime, par son esprit de collectivité, et par l'élan tumultueux qui emporte ces foules vers de grands buts de construction socialiste.

La différence des deux époques m'est apparue plus vivement, en relisant un des chefs-d'œuvre du roman russe qui m'ont toujours été le plus chers : *Guerre et Paix*. Je suis frappé, à cette nouvelle lecture, du tourbillon de poussière de vie que soulève le génie de Léon Tolstoï, sans qu'aucun choix apparent, sans qu'aucun ordre semble présider à cette succession de fragments de vie, tous représentés également avec la même vérité, grands et petits, sans préférence. Et toute cette puissante poussière de vie, individus, foules et armées, monte en colonnes et retombe au hasard, comme brassée par un fatum aveugle, qui les domine et qui se joue de toutes les volontés.

Tout au contraire de cette conception de l'âge précédent qui menait Tolstoï au fatalisme religieux, l'âge nouveau sait où il va, et il y va fougueusement. L'homme, les hommes y sont à eux-mêmes leur fatum. C'est leur volonté raisonnée qui les mène, et, avec eux, elle mène l'œuvre d'art. Cette volonté et cette raison sont contredites et combattues constamment par les instincts, les préjugés et les passions. Et là est le drame de ces œuvres. Mais quelles qu'en soient les péripéties, les personnages et les étapes, le drame, l'œuvre est toujours un monde en marche vers un but, lointain ou proche, que l'esprit s'est assigné.

L'importance sociale de cette littérature nouvelle est avant tout dans le miroir loyal qu'elle offre intrépidement aux larges masses de son public. Le grand artiste est l'œil de son époque. C'est par lui que l'époque voit, qu'elle se voit. Et l'autocritique que l'on pratique en U.R.S.S., avec une âpre satisfaction (parfois imprudente, car les ennemis en abusent en la retournant contre l'U.R.S.S.) est une virile école de conscience pour toutes ces masses qui lisent, et qui apprennent par leurs écrivains à se juger et à se discipliner. Et les grands tableaux de vie collective que présentent les principaux romans soviétiques sont comme des bains de communisme, où se forment les membres jeunes et robustes de la nouvelle génération.

Mais il me faut dire aussi ce qui me parait, dans cette jeune littérature, encore insuffisamment cultivé. Ce sont les grandes provinces de la vie intérieure. La littérature des époques précédentes en a certes abusé, en s'y enfermant étroitement. Mais il ne s'agit pas de renouveler cet égotisme étriqué, qui coupe ses liens avec la communauté, et qui n'atteste chez ces écrivains bourgeois que l'insuffisance même de leurs sources intérieures. Il s'agit de forer l'écorce de la vie, jusqu'aux nappes profondes des passions. Car elles sont et resteront, quel que soit le régime de vie sociale, la substance intime de la vie. Camarades soviétiques, votre saine habitude de vivre ensemble ne doit pas vous priver de vivre chacun en soi. Vous devez, dans l'entraînement de l'action et des passions communes, vous ménager une cabine d'isolation, pour vous y enfermer seul avec vous-même, pour faire le compte de vos puissances et de vos faiblesses, pour méditer, vous concentrer, pour reprendre contact avec la terre et, comme Antée, vous relever plus forts et revigorés pour de nouveaux combats. Ce que je connais de votre littérature soviétique, (à part d'exceptionnels moments), montre plus de puissance diffuse en surface, que concentrée en de grandes heures ou des minutes d'intense passion et méditation. Faites ressurgir ces flots de vie profonde, comme ils jaillissent dans les grandes œuvres des Shakespeare et des Eschyle ! Notre époque vaut bien la leur, en forces de vie élémentaire. Elle attend ses évocateurs.

*
* *

Je crois que ces avertissements valent aussi bien pour les écrivains de tous les pays. Ils leur rappellent les deux pôles entre lesquels est circonscrite la sphère de l'art. Le grand artiste est celui qui se meut naturellement, de l'un à l'autre pôle. Point de grand art, sans les puissances associées de l'action et du rêve. Ce sont les forces complémentaires.

« *Il faut rêver* », a dit Lénine

« *Il faut agir* », a dit Gœthe.

R.R.

Épilogue

PAR LA RÉVOLUTION, LA PAIX !

À l'heure d'excitation et de désarroi dangereux où se trouve l'opinion française, livrée à une presse sans scrupules aux mains des puissances d'affaires, c'est le devoir de tout homme qui voit clair de parler clair et de prendre ses responsabilités.

En des jours comme ceux-ci, notre appel d'Amsterdam contre la guerre et le fascisme réalise tout son sens plein et précis.

Nul plus que nous ne hait le fascisme. Nul plus que nous n'est convaincu du danger permanent que constitue pour la France, pour le monde, la dictature hitlérienne. Nul plus que nous n'est certain qu'elle couve un dessein entêté de revanche, d'agression et de conquête, sous le machiavélisme de ses protestations diplomatiques de paix que contredisent ses publications chauvines et ses appels enragés, à l'intérieur du pays. Nul plus que nous ne veut sa ruine.

Mais précisément pour cela, nous ne voulons point que la France, que l'Europe se laissent tomber dans le piège de la guerre, qui lui est tendu par les éternels aventuriers nationalistes et les profiteurs internationaux de la guerre.

La guerre ne peut que servir à la dictature hitlérienne, en faisant autour d'elle la concentration forcée de la nation contre l'étranger. En même temps qu'elle instaurerait dans les pays qui la combattent un état de dictature, qui ne vaudrait pas mieux, et qui est le secret espoir de la réaction.

Ce n'est pas la guerre, c'est la paix qui est mortelle pour l'Hitlérisme, incapable de résoudre par les moyens ordinaires les difficultés économiques et sociales qui le serrent à la gorge. Il suffit qu'il trouve autour de lui une Europe ferme et calme, résolue à l'obliger à la paix, pour que, frappé au cœur de son prestige sans lequel aucun fascisme ne peut vivre, il se trouve en proie aux justes revendications de son peuple qu'il a abusé, trompé, opprimé, dégradé, et mené à la ruine.

La Paix est l'épreuve victorieuse des États qui ont bonne conscience et une organisation saine. L'U.R.S.S. n'a besoin de rien autre, pour prouver sa raison d'être, la puissante vérité de la doctrine qui est sa base, la légitimité des sacrifices qui ont alimenté le large cours de sa vie sociale pour des siècles. La guerre n'est jamais le recours que des États en faillite, l'*ultima ratio* des joueurs décavés et des désespérés, l'immonde spéculation des profiteurs et affairistes, qui prospèrent comme vermine sur la sale toison des monarchies malades et des démocraties pourries.

Nous battons le rappel de toutes les volontés saines et fermes, afin qu'elles mettent le holà aux périlleuses machinations qui se trament aujourd'hui pour lancer, de nouveau, les peuples d'Occident dans une sinistre aventure de guerre, qui ruinerait l'ensemble des nations, au profit de quelques aventuriers.

Nous voulons la Paix. Elle n'est sincère, elle n'est stable, que par un changement de l'ordre social. Par la Révolution, la Paix !

R.R.
20 *mars* 1935.

121